Ich bleib mal sitzen

Oliver Wolf Boehm

„Ich bleib mal sitzen"

ALLES außer GEWÖHNLICH

löwen-
stern
verlag

Bibliografische Information der Deutschen Nationalbibliothek
Die Deutsche Nationalbibliothek verzeichnet diese Publikation in der Deutschen Nationalbibliografie; detaillierte bibliografische Daten sind im Internet über http://dnb.d-nb.de abrufbar.

Umschlaggestaltung Renate Wettach
unter Verwendung eines Fotos von Danielle Reinecke.
Zeichnungen von Oliver Wolf Boehm.

ISBN 978-3-945542-68-2 (Print)
E-ISBN 978-3-945542-70-5 (ePUB)

© LöwenStern Verlag Renate Wettach
Frankfurt am Main 2022, 1. Auflage
Druck und Bindung: BoD – Books on Demand, Norderstedt

Verlag, Redaktion, Herstellung, Design & Layout:
Renate Wettach, LöwenStern Verlag,
Weckerlinstr. 4, 65929 Frankfurt am Main
Telefon: +49 152 34332590
E-Mail: geschaeftsfuehrung@loewenstern-verlag.de
Umsatzsteuer-Identifikationsnummer gemäß
§27a Umsatzsteuergesetz: DE291558368
www.loewenstern-verlag.de

Inhaltsverzeichnis

Abbildungsverzeichnis

Einleitung

Regeln sind gut; sie zu brechen setzt Kreativität frei. Ob im Verkehr, im Rechtlichen, im allgemeinen Miteinander oder in der Zukunftsplanung.

Regeln werden geschaffen und gelebt, damit sicher ist, wie andere Menschen und man selbst in bestimmten Situationen agieren und reagieren sollen. Regeln geben eine gewisse Sicherheit, ohne dass man dem oder der anderen vertrauen muss. Regeln sind zwar auch unterschiedlich interpretierbar, aber letztlich sind sie Gesetze, an die man sich hält. Sie sind sicher auch von der aktuellen oder geografischen Moral bestimmt. Und vieles gehört zur Erziehung, die man genossen hat und ähnlich weitergibt, weil man sie selber so erfahren, gelernt und verinnerlicht hat. Wie beispielsweise, dass man an die geschlossene Tür klopft, an die man kommt, bevor man in den Raum geht. Hinterfragt man Regeln, bricht man sie oder macht genau das Gegenteil, kann in diesem scheinbar falschen Handeln genau die Lösung stecken? Um neue, andere und vielleicht eine bessere Perspektive einzunehmen, kann der Rat von Paul Arden, einem Kreativen und erfolgreichen Kreativ-Direktor aus den USA, helfen. Er sagte: „Regeln sind also dazu da, um gebrochen zu werden!"

Es ist wie mit der roten Ampel, an die man nachts um drei kommt, und dann steht da an der Kreuzung niemand außer man selbst. Wartest du, bis es grün wird, um die Straße zu überqueren?

Ich glaube, solange der Respekt gewahrt bleibt, funktioniert es auch mit diesen Regeln. Viele Regeln entstehen erst durch Respekt. Ob ich an der geschlossenen Tür klopfe, bevor ich sie öffne, oder dass ich als Mann einer Frau genauso respektvoll gegenübertrete wie meinem Vater.

Mit den Worten von Apple gesagt:

„An alle, die anders denken:
Die Rebellen,
die Idealisten,
die Visionäre,
die Querdenker,
die, die sich in kein Schema pressen lassen,
die, die Dinge anders sehen.
Sie beugen sich keinen Regeln,
und sie haben keinen Respekt vor dem Status Quo.
Wir können sie zitieren, ihnen widersprechen, sie bewundern
oder ablehnen.
Das Einzige, was wir nicht können, ist, sie zu ignorieren,
weil sie Dinge verändern,
weil sie die Menschheit weiterbringen.
Und während einige sie für verrückt halten,
sehen wir in ihnen Genies.
Denn die, die verrückt genug sind zu denken,
sie könnten die Welt verändern,
sind die, die es tun."[1]

Ich bin kein Einstein und auch kein John Lennon, die beide in dem Commercial von Apple in der „Think different"-Kampagne Ende der 1990er Jahre als Beispiele gezeigt wurden.

Ich identifizierte mich mit diesem Text, mit der Kampagne, mit Apple und dieser Philosophie schon bevor dieser Text kreiert wurde. Übrigens eine Kampagne, die völlig ohne Produkt auskam. Aus meiner Sicht ein Weg, den das eine und andere Unternehmen in dieser

---

1   ©Apple 1997 Off-Text zur Werbe-Kampagne: „Think different". Think different („Denke das Andere"). Think different war der Slogan einer Werbekampagne von Apple aus dem Jahr 1997, die von Peter Economides in der Niederlassung der Werbeagentur TBWA in Los Angeles erstellt wurde. Zur Kampagne gehörte der bekannt gewordener Werbespot mit diesem Text.

Zeit durchaus gehen sollte; um Vertrauen und Glaubwürdigkeit zu erreichen und zu festigen.

Hinzu kam die Aussage eines guten und langjährigen Freundes, der früher mein Kunde war. Er sagte: „Ein Mensch mit Handycap hat die Hilfe und das Verständnis der anderen Menschen mehr als verdient. Er hat aber vor allem die Aufgabe, allen anderen von sich zu erzählen. Von seinen Leiden, Einschränkungen, Gefühlen und Gedanken. Von seinen Erfahrungen."

Ich habe probiert und ausgetestet, wie, in welcher Form und mit welchem Fokus, ich über meine Erkrankung, über meine Einschränkungen, über meine Erlebnisse und Erfahrungen und über meine Ideen und Gedanken schreiben soll. Das, was du jetzt in Händen hältst, anschaust, anhörst oder liest, ist das Ergebnis. Ich hoffe, ich erreiche dich und deine Seele damit. Im positiven wie im nachdenklichen oder negativen und vielleicht auch im inspirierenden Sinn. Wichtig ist mir, meine Philosophie deutlich und vielleicht auch nachvollziehbar zu machen.

Jean-Michel Basquiat hatte in seiner Hochphase als Künstler seine eigenen Bilder übermalt, wenn Menschen in sein Atelier kamen und sagten: „… das ist hübsch, meinst du, es würde über unseren Kamin passen, Schatz?" Ich habe lange gebraucht, bis ich sein Handeln verstand, da ich lange Zeit jedem gefallen wollte, meine Arbeit jeder lieben sollte. Bis, ja bis eine ebenfalls MS-Erkrankte zu mir sagte: „Du musst nicht jedem gefallen, und deine Arbeit auch nicht. Du magst ja auch nicht jeden."

In einer Zeit, in der sich die Wahrheit so individualisiert hat, passt meine Form und Basis meiner Gedanken, Überlegungen und Geschichten besser als ich glaubte.

So könnte dieses Buch auch den Untertitel tragen:
„Wahre Geschichten – frei erfunden."

Als Steve Jobs nach seiner Rückkehr zu Apple die „Think different"-Kampagne und gleichzeitig einen „Relaunch", wie man in
der Werbung sagt, vollzog, meinte er meiner Meinung nach damit,
dass die Kreativität, das Gefühl und die Fantasie zusammen mit den
wirtschaftlichen Zielen entscheidend sind, dass nur Kreativität und
Fantasie uns alle entscheidend weiterbringen. Oder wie Albert Einstein sagte: „Logik bringt dich von A nach B. Deine Fantasie bringt
dich überall hin".

Quellen:

Alice Calaprice: „The Ultimate Quotable Einstein", Foreword: Freeman Dyson,
Princeton University Press, Princeton and Oxford: 2011, S. 12; 481

George Sylvester Viereck: „What Life Means to Einstein." Ein Interview mit Albert
Einstein, in: The Saturday Evening Post, Indianapolis, 26 October 1929, S. 117
(pdf)

https://www.saturdayeveningpost.com/wp-content/uploads/satevepost/what_life_
means_to_einstein.pdf

Garson O'Toole: „Imagination Is More Important Than Knowledge: Albert Einstein? Apocryphal?", 2013

https://quoteinvestigator.com/2013/01/01/einstein-imagination/

https://wikiversity.org/wiki/Talk:Albert_Einstein_quote

https://hoaxes.org/weblog/comments/fake_einstein_quotation_paperweight

Kreative Pause I

Dialog 1

Elektro-Rolli.

Ich bin in meinem E-Rollstuhl unterwegs; wie so oft. Auf dem Weg zum nahgelegenen Supermarkt sortiere ich, wie so oft, meine Gedanken und strukturiere den Tag für mich, gehe gedanklich meine Einkaufsliste durch, bis ich zu einem Großflächen-Plakat komme.

0,19 Euro

So viel kostet in einem Discounter eine 1,5 l Flasche Wasser. So wird es mir durch das nüchterne Plakat vor dem Supermarkt angeboten. Ich sehe es und fahre mit meinem Rolli weiter. Aber irgendwie geht mir das Plakat und das Angebot nicht mehr aus dem Kopf. Will ich sonst eine solche Wasser-Flasche kaufen, kostet die im Supermarkt meines Vertrauens von der Marke, der ich seit Jahren vertraue, etwa 1,29 Euro.

Lange denke ich darüber nach, auch weil ich selbst viele Jahre in der Werbung und im Markenaufbau gearbeitet habe. Immer absurder erscheint mir das Plakat. Zum einen, weil außer dem Preis kein Kaufargument kommuniziert wurde, sodass ich bockig denke: Super, jetzt ist es so weit. Zum anderen ist der Preis das einzige Argument, und das reicht. Dann braucht es keine Markenwelt, keine gestaltete Verpackung, keinen Wert, der einen Preis rechtfertigt und keine vertrauensvolle Kundenbindung mehr. Auf die Wasserflasche würde man einen weißen Zettel kleben, der mit großen schwarzen Lettern bedruckt würde, welche die frohe Botschaft verkünden: 1,5 l Wasser für 0,19 Euro. Im Sinne der Simplizität hätte man das Maximum an Reduktion herausgeholt. Ich glaube ja an die Philosophie: KISS (Keep it Simple and Smart). Smart wäre die eben beschriebene Wasserflasche aber nicht.

Auf meinem Weg im Rolli frage ich mich: Wie ist es überhaupt möglich, solch einen Preis aufzurufen? Weil der Handel die Hersteller erpresst. (Wenn wir dein Wasser verkaufen sollen, dann zu dem Preis, sonst listen wir dich aus!) Der Hersteller gibt mürrisch sein Okay und macht ordentlich Verluste. Zwingt die Mitarbeiter zu geringeren Löhnen, was die Mitarbeiter dazu zwingt, selbst zu den Discountern zu gehen und nach Billig und Billig-Schnäppchen Ausschau zu halten.

Und am Ende sagt der Handel dann: „Die Kunden verlangen den günstigsten Preis!"

Vielleicht gibt es ja Studien und Berechnungen darüber, was eine solche 0,19 Euro Wasserflasche den Verbraucher und die Weltgemeinschaft kostet, doch ich bin mir sicher, eine solche Berechnung würde kaum Publizität gewinnen.

Überträgt man das Wasserflaschen-Beispiel auf Kleidung, wird es noch greifbarer. Ein T-Shirt wird beim Mode-Discounter bereits ab 3 Euro angeboten. Selbst wenn es den geschmacklichen Anforderungen entspricht, sollte man zweimal hinschauen. Aus was, wo und wie ist es hergestellt? Gibt es ein Unternehmen, das mit seinem Namen dafür steht? Hält es mehr als einer Wäsche stand? Und wäre es auch noch okay, wenn ich es über die aktuelle Saison trage? Sorry! Nichts und kein Angebot rechtfertigt es, wenn nicht mindestens zwei der genannten Fragezeichen mit JA beantwortet werden können.

Ich weiß, es gibt immer wieder Argumente, die sagen: „Doch, steht doch auf den Etiketten drauf!"

Nicht immer und nicht wirklich. Und je billiger irgend etwas angeboten und präsentiert wird, desto eher.

Und anders herum: Die Mode-Designer und -Unternehmen wären SMARTER, wenn sie das gleiche Kleidungsstück für die sogenannte

Aktualität einfach mit einem smarten Accessoire ausstatten und anbieten würden. Beispielsweise ein Schal, alternative Knöpfe oder einen Druck, den man einfach aufbügeln kann. Vielleicht auch ein Färbemittel, das ökologisch ist und einfach in der Anwendung. Nur so als Beispiele.

Nur so, als Idee.

Überhaupt: Warum ruft man nicht mal ein Qualitätsjahr aus. Ein Jahr, in dem alle auf dem Markt befindlichen Produkte, Kollektionen oder Dienstleistungen optimiert werden? Also ein Jahr, in dem die Hersteller ganz SIMPEL dem Anspruch folgen, dass auch das gehalten oder eingelöst werden muss, was durch ihre Werbung versprochen wurde. Neben dem offensichtlichen Effekt einer besseren Qualität könnte sich eine solche Offensive auch kommunikativ gut verwerten lassen, und der WERT der Marke würde aufgewertet, sodass eine Kunden-Loyalität entstehen könnte. Was immer gut ist; oder würden Sie ein Restaurant bei ständig wechselnder Qualität (ob der Sauberkeit, Freundlichkeit oder ob des Speise-Angebotes) häufiger als dreimal besuchen, wenn man sich nicht darauf verlassen kann?

Ich weiß, es ist schwer, sich von dem Konsum-Diktat SCHNELLER, HÖHER, WEITER zu lösen. Und vielleicht hilft ja die Corona-Pandemie und die Digitalisierung dabei, endlich mal anders, ganz anders darüber nachzudenken?

Anders über Respekt, Werte und Service.

Es gibt zu der sogenannten KISS-Formel aus dem Marketing noch eine andere Ausformulierung: „Keep it Simple and Stupid", die wohl die augenblickliche Interpretation von KISS besser trifft. Digitalisierung ist, aus meiner Sicht, dann eine Hilfe, wenn unangenehme, schwierige Prozesse von der künstlichen Intelligenz übernommen werden. Respekt, Werte oder Services werden hingegen nur durch

Menschen mit Leben gefüllt. Die Digitalisierung hilft, die Einkommensteuererklärung richtig auszufüllen und rechtzeitig abzuschicken; vielleicht auch bei der Beratung. Dies gilt auch für Krankenkassen-Anliegen und beim Bestellen. Aber das emphatische Erlebnis, das Gefühl, wenn sich jemand deines Problems annimmt, bleibt auf der Strecke.

Ich rolle in meinen Stamm-Supermarkt und genieße dabei die Ruhe vor dem Sturm dieses sonnigen Spätsommertages. Es ist kein Discounter; es ist sogar eine echte „Apotheke", wie man zu teuren Geschäften dieser Art sagt. Wahrscheinlich werden mich einige Menschen einen „Snob" nennen, doch für mich hat dieser Laden seine Berechtigung. Aus unterschiedlichen Gründen. Die einen sind rational und andere emotional. Zu diesem Laden und seinen angebotenen Waren habe ich Vertrauen. Die Menschen, die in diesem Laden arbeiten, sind überwiegend freundlich, manche sogar gut gelaunt. Viele von ihnen sagen: „Ah, Monsieur Loup ist auch wieder da. Legen Sie Ihre Einkäufe da hin, ich räum es Ihnen gleich in das Rolli-Netz."

Weißt Du, was ich meine?

Das Leben eines rollstuhlfahrenden MS-lers ist eingeschränkt. Es gibt weniger Optionen, den Tag zu begehen oder sich etwas Gutes zu gönnen. Begehen? (So ein Quatsch, mit gehen hat das, wie ich mich fortbewege, ja nun gar nichts zu tun.) Und man erfreut sich auch und vor allem an den kleinen Dingen: Gesten, erreichten Makro-Zielen und Services, die meist gar nicht als solche benannt sind. Der überwiegende Teil der Menschen hilft gern; von sich aus. Wie geil wäre es, wenn Menschen, die der Norm entsprechen, auch solche Begegnungen erleben könnten, und wenn es gar keinen Rollstuhl bräuchte, damit der Kunde das Gefühl hat, dass die Mitarbeiter in dem Laden einfach gern helfen und gern ihren Job machen.

Ich meine damit nicht die, die es aufgrund fairer Bezahlung oder aus ihrer Grundstimmung heraus tun. Die gibt es.

Das fängt bei der „Nachbarschaftshilfe an und geht bis weit über das Einladen der Einkäufe ins Fahrzeug hinaus; auch ohne, dass es eines großen Trinkgeldes bedarf.

Zu zweit allein

Verkehr verkehrt.

Als Multiple Sklerose-Erkrankter fahre ich viel, zwar nicht mehr im Auto, dafür mit dem Rolli, Zug oder mit dem Rolli-Taxi.

Ich komme gleich darauf zurück, warum ich das anspreche, doch ich fange mal etwas globaler an.

Immerhin scheinen die meisten Industrieländer erkannt zu haben, dass es so nicht mehr weitergeht. Auch wenn sich alle augenblicklich auf die E-Mobilität stürzen – und hier werden schon, aus meiner Sicht, die ersten Fehler gemacht –, ist das nicht die Alleinlösung. Traditionelle und starre Wege werden wieder eingeschlagen, die nur zu den Lösungen führen, die wir uns schon vorstellen können, die wir schon kennen und die in Konkurrenz mit bestehenden Lösungen treten.

Wie ich unter „Bewusstsein und Verantwortung" erzählt habe, ging Citroën seiner Zeit mit der Vermarktung der „Ente" einen Weg, der durch seine Alleinstellung nicht in Konkurrenz mit anderen Konzepten trat.

Wenn alternative Fortbewegungsmittel und -antriebe nicht in Konkurrenz mit anderen treten würden, weder offensichtlich noch unterschwellig, könnte man sich mehr mit den Vorteilen, der Philosophie des Produktes, der Marke und denen, die diese vermitteln, beschäftigen, als mit dem verkrampften Versuch, den einen Weg besser erscheinen zu lassen als den anderen. Warum versuchen die Autohersteller, beispielsweise, ihre E-Automobile wie konventionelle Benzin-Autos zu vermarkten? „Fährt wie ein Benziner, nur …"

Wäre es nicht smarter, die Vorteile, auch wenn sie nicht offensichtlich sind, als Kaufargumente zu nutzen? Zum Beispiel das stille Dahingleiten, oder dass die Ruhe des E-Autos beruhigt und die ganze Lebenseinstellung entschleunigt. Vielleicht fällt dann auch ein Tempolimit auf 120 km/h nicht mehr so schwer.

Rory Sutherland erzählte einst bei einem TED-Vortrag von dem Zug, der Frankreich mit England verbindet. Er sagte, dass man viel Geld und Investment hätte sparen können, wenn man anstelle eines aufwändigen Zuges und Kanaltunnels freies WIFI und Top-Models, die Speisen und Getränke servieren, engagiert hätte. Die Passagiere hätten eher darum gebeten, den Zug langsamer fahren zu lassen, anstelle schneller.

Ähnlich verhält es sich mit dem Straßenverkehr ganz allgemein.

Vergleiche sind an der Tagesordnung. Auto/Straßenverkehr vs. Zug. Zug vs. Flugzeug, Flugzeug vs. Schiff etc. Ebenso ist es zwischen Elektro und Benzin, den Marken untereinander oder den Menschen. Oft herrscht die Wertung: schneller, höher, weiter.

Kaum jemand ist anzutreffen, dem andere Kriterien wichtiger sind, als sagen zu können: „Ich habe die Fahrt in nur einer Stunde-zwanzig geschafft", anstelle davon, zu erzählen, welche Menschen man auf der Reise getroffen hat, wie und wo man eine Rast gemacht hat, oder wie erlebnisreich die Umgebung war, die man durchquert hat.

Ähnlich geht es mir mit dem Rollstuhl. Es ist ein leichter Elektro-Rollstuhl, der etwa 6 km/h langsam unterwegs ist. Also eine Bewegungshilfe, die langsam genug ist, damit ich meine Umwelt und Gedanken wahrnehmen kann und schnell genug, um einen Zug zu erreichen. Sicher, es gibt schnellere, luxuriösere und modernere, und doch ist er für mich genau richtig. Und er ist meine „Ente", vor allem, was das positive Erleben des Lebens angeht. Das fängt bei meinen alltäglichen Fahrten an.

Alle schimpfen auf die Bahn. Sicher, in der Bahn steckt noch viel Optimierungspotenzial. Wie übrigens bei jedem Unternehmen und jedem Menschen. Vieles könnte man anders, vieles besser machen.

Viele andere Unternehmen können aber auch von der Bahn lernen; so grotesk es auch klingen mag, sind es die Mitarbeiter der Bahn, die selbst über ihr Unternehmen schimpfen und den Kunden am hektischen Bahnsteig pragmatische Lösungen anbieten, die in keinem Verhaltenshandbuch stehen. Und wenn Lösungen dort beschrieben sind, gestehen sie den Mitarbeitern fast keinen Ermessensspielraum zu.

Ein Beispiel zum besseren Verständnis:

Gestern wollte ich in meinem Rolli von einer zur anderen Kleinstadt mit einem Regional-Express fahren, um dort eine Gast-Vorlesung zu halten. Via Internet erfuhr ich, ob und wann ein Zug von A nach B ging und ob Personal vor Ort und eine Rollstuhl-Rampe im Zug ist. Nachdem das Netz und die Bahn alles mit Ja bestätigt hatte, fuhr ich los. Auf dem Rückweg war kein Personal im Zug, Personalmangel. Zwei Bahner, die Feierabend hatten, sahen mich und das Problem am Bahnsteig, fragten mich, ob es okay sei, dass sie mich zu zweit mitsamt Rolli in den Zug verladen würden, denn da sie ja gar nicht mehr im Dienst seien, hätten sie auch keinen Rampen-Schlüssel, aber auch nicht mehr die versicherungstechnische Anweisung, mir nicht auf diesem Weg helfen zu dürfen.

Ich war happy und bejahte den Vorschlag. Das nenne ich emphatisches Miteinander, ohne große Diskussion. Es war also nicht das Unternehmen Bahn, sondern deren Mitarbeiter, denen es wohl nicht so gut geht, da das Unternehmen, wie viele andere, seine Probleme hat. Effektivität, Effizienz und knappe Kalkulationen sind die eine Ursache.

Ein weiteres Problem, aus meiner Sicht, ist, dass so genannte Unternehmensberater am Werk sind, die keine Ahnung von der jeweiligen Materie haben.

Ähnlich ist es auch mit den Städten und Gemeinden. Großartiges, wie beispielsweise ein Programm zur Barrierefreiheit wird von Leuten geplant und ausgeführt, die noch nie in einem Rollstuhl saßen oder mit einem Rollator unterwegs waren. Wie sollen sie dabei dann wissen, was notwendig und gut ist?

Ich weiß von einem Behinderten-Beauftragten seiner Gemeinde, wie schwer es ist, als Betroffener und auch als Fachmann ernstgenommen zu werden.

Nochmal: Nur wenn diese es erleben und es sich so bewusst machen, können sie auch die Verantwortung für ihre Beratung übernehmen.

Wie wäre es, wenn also die Verantwortlichen wahlweise erleben, wie es im Rolli oder am Rollator ist, oder wenn tatsächliche „handicapped persons" von den Unternehmen, Städten und Gemeinden als Berater zu Rate gezogen und ernst genommen werden würden? Vielleicht könnten diese auch bei entsprechender Erfahrung in die Gestaltung einbezogen werden.

Ich befürchte, ich werde noch einige Male in diesem Buch sagen, dass Menschen mit und ohne Handicaps nicht nur gut miteinander leben, denken, schaffen und gestalten können und auch kreativ sein können.

Übertragen auf die „normale" Welt: Sobald jemand etwas Unbekanntes ausprobiert und Erfahrungen sammelt und erlebt, wird ihm der Status-Quo bewusst und er kann die Verantwortung für sein Tun, Handeln und seine Entscheidungen übernehmen. Mark Manson, der Blogger, Publizist und „Philosoph", sagt, dass egal, ob du an etwas schuld bist, die Verantwortung für dein Handeln, das aus dieser Situation erwächst, nur du trägst. Plakatives Beispiel:

Du trägst keine Schuld an der Tatsache, dass plötzlich vor deiner Tür ein dir unbekanntes Neugeborenes liegt, aber in dem Augenblick, an dem du es gefunden hast, trägst du die Verantwortung, dich zumindest vorübergehend darum zu kümmern.

Natürlich entspricht es nicht den wirtschaftlichen Maßstäben, wenn es für etwa 2 Mio. Rollstuhlfahrer in Deutschland geeignete, eigenverantwortliche und autonome Fortbewegungsmittel gäbe (teilweise auch schon gibt), aber bei all dem Geld, das vom Staat für Integration behinderter Menschen ausgegeben wird, wenn sie in die Schablone passen, oder im Sinne der Versicherer sind, wäre es doch überdenkenswert, diesen Menschen den Zugang zu Tools zu ermöglichen, welche dazu beitragen, diese Menschen selbstbestimmt am wirtschaftlichen Allgemeinwohl teilhaben zu lassen. Nach einer Vielzahl von Anträgen, Gutachten und Formularen, von denen die meisten Menschen gar nicht wissen, dass es diese gibt, erhält man von der Krankenkasse einen Rollstuhl. Wenn man über weitere positive Untersuchungen, Gutachten und genehmigte Verordnungen verfügt, einen E-Rollstuhl. Das ist gut. Glück war es, dass ich einen neuen bekam, wer weiß warum. Doch wenn ich einen zweiten, mechanischen Rollstuhl bräuchte, den meine Begleitung schieben und einfach in ihr Auto verladen könnte, Pustekuchen. Da wird von der Kasse lieber Geld für Fahrdienste ausgegeben, auch wenn es ein Vielfaches kostet. Mancher mag denken, dass das ja auch Luxus wäre, wenn ein Mensch zwei Rollstühle hätte. Im übrigen könnte auch die Krankenkasse mit dem Patienten vereinbaren, dass er wahlweise einen E-Rollstuhl und einen manuellen bekommt, der in normale Taxen verladen werden kann, oder einen E-Rollstuhl und die Kostenübernahme der Kasse für spezielle Rollstuhl-Taxis trägt. Ich vertiefe das jetzt nicht. Alles, was ich damit zum Ausdruck bringen will, ist, dass einem behinderten, kranken Menschen, wo doch die Gelder und Mechanismen da sind, abgesprochen wird, selbst zu wissen, was und welche Hilfe er braucht. Ein Diabetiker beispielsweise erhält, wenn beantragt, Pediküre und Maniküre. Ein Mensch mit Multipler Sklerose, der sich aufgrund dessen nur eingeschränkt bewegen kann, nicht.

Aber zurück zur Mobilität.

Wir leben, und ich auch, in der spannenden Zeit des Umbruchs. Manche, die es dramatisch lieben, sprechen von einer Revolution. Digital, ökologisch, sozial und wohl auch sozialökonomisch. Spannend. Sag ich doch. Der Umbau, hin zur Digitalisierung, mit der eine Menge an Veränderungen einhergeht, der Umbau des Sozialwesens, ein bedingungsloses Grundeinkommen, eine andere Art der weiteren Energiegewinnung und des darüber Nachdenkens, all die wegfallenden Arbeitsplätze und die, die an anderer Stelle neu entstehen, die Veränderungen des Klimas und die damit verbundenen völkerwanderungsartigen Veränderungen, die neuen Lebenskonzepte und eine sich verändernde Religion lassen einen schnell an Revolution denken; trotzdem möchte ich in diesem Zusammenhang eher von einer schnell voranschreitenden Evolution sprechen. Okay, manche werden mich für einen Korinthenkacker halten. Trotzdem, ich bleibe bei dem Begriff Evolution.

Wie dem auch sei, diese spannenden Veränderungen werden in der Mobilität besonders deutlich. Es ist zum Ersten die Digitalisierung, die Einzug hält in das Interieur, zum Zweiten sind es die alternativen Antriebsformen, zum Dritten ein anderes ökologisches Denken und Handeln und die sich verändernden Lebensformen; Stichwort Home-Office, andere Prioritäten etc.

Wenn ich so dazu schreibe und nachdenke, ist das schon ein sehr generelles Thema. Da kommt die Spezialisierung nicht so weit. Da ist es schon notwendig, das große Ganze zu betrachten. Es ist, als ob man in einem Ort im Allgäu lebt und seine Themen bearbeitet, ohne auch mal wieder nachzusehen, was so im Rest der Welt passiert. Es ist so, als ob ich mit meinem E-Rollstuhl durch den Tag rolle, ohne zu wissen, dass es mittlerweile eine dreirädrige E-Vespa gibt, die mir vieles einfacher ermöglichen würde und die auch noch bezahlbar ist; auch ohne gesetzliche Krankenkasse.

Quellen:

Autor: Mark Manson: „Die subtile Kunst, sich nicht zu schämen", Verlag: Harper-One, 2016.

Vision

Im Norden der Erkenntnis. Kompetent-Inseln und Kompensations-Kompetenzen.

Als Gehandicapter, als jemand, der nicht als Gelernter gilt, der keinen Abschluss vorweisen kann, und für jemanden, der meist das Ganze im Blick und in seinen Gedanken trägt, ist das Leben in der Welt der Spezialisten ein schwieriges. Insbesondere in dem Land der Fachleute; wie Deutschland eines ist. Die Einschaltquoten von Shows wie „Höhle der Löwen" und anderen Start-Up-Sendungen sind hoch, doch ist der Mut, die Bereitschaft und die Motivation derer, die die Shows sehen, eher gering. Das, was da passiert, ist zu weit weg, zu virtuell, mit zu vielen Wenns und Abers belegt. Manches Mal erwische ich mich bei dem Gedanken, dass es den Menschen in diesem Land einfach zu gut geht und dass eine Konsumgesellschaft entstanden ist und nicht das Land der Dichter und Denker 2.0.

Sehen sich die Menschen solche Sendungen und Beiträge an, um sich inspirieren zu lassen? Konsumiert man das alles nur, um dann am Puls der Zeit zu sein?

Der Themen-Komplex Mobilität macht es deutlich und plakativ.

Sehe ich die Welt aus dem Blickwinkel eines Facharbeiters bei einem großen Automobilhersteller, der Fahrzeuge mit fossilen Antrieben baut, ist die Veränderung zu anderen, umweltfreundlicheren Antrieben eine Gefahr für meine Existenz. Wenn ich aber über den „Tellerrand" hinaus denke, sehe ich die vielen Klimaflüchtlinge, die in ihrer

Heimat nicht mehr existieren können, weil die Klimaveränderung ein Leben dort nicht mehr lebenswert macht.

Wenn die besorgten Eltern ihre Schulkinder im SUV bis vor die Schule fahren, weil das Wetter DIE Entschuldigung dafür ist, so zu handeln, ist das einfach nur bequem oder nicht drüber nachgedacht? Am Ende beides.

Ähnlich verhält es sich in vielen anderen Bereichen, und hier liegt in meiner laienhaften Meinung „der Hund begraben". Auf das ein oder andere Beispiel komme ich in diesem Buch sicher zu sprechen.

1974, ich war im Waldorfschulinternat und wir hatten Handarbeitsunterricht. Die Überschrift war, Stricken zu lernen. Doch unsere Lehrerin ließ uns Wandern. Bestimmt eine halbe Stunde. Du kannst dir vorstellen, dass Stricken nicht wirklich Begeisterungsstürme bei einem 7-jährigen Jungen ausgelöst hatte, also war ich froh.

Wir kamen auf eine weite, saftige Wiese, auf der Schafe genüsslich grasten. Es war ein friedliches und beruhigendes Bild, das durch das monotone Geräusch der grasenden Schafe wie ein beruhigender Soundtrack unterstützt wurde. Bis ein großer, dunkel gekleideter Mann sagte: „So, da seid ihr ja alle. Dann können wir ja anfangen!" Ein jüngerer Mann tauchte auf, und während er sich ein Schaf packte, forderte die Lehrerin uns auf, einen Kreis um den Kerl mit dem Schaf zu bilden.

Er steckte die beiden Hinterläufe des Schafes in seine weiten Stiefel, sodass das Schaf nicht gleich weglaufen konnte. Was nun folgte, ließ das Schaf bedingungslos über sich ergehen. Es wurde geschoren. Wir, zumindest ich, waren baff. Sowas hatten wir noch nicht erlebt oder gesehen. Aus der Schockstarre holte mich die Stimme der Lehrerin: „Jetzt bitte ich euch, die geschorene Wolle hier in den Sack zu stecken!" Dieses Happening wiederholte sich bei jedem Schaf auf der

Weide, und dann brachten wir keine Ahnung wie viele Säcke mit Wolle in die Schule.

In der nächsten Unterrichtsstunde hieß die Aufgabe: Wolle waschen! Nicht so spannend, nicht so chic. Mit dem Waschen der Wolle wusch sich auch einiges von meiner Motivation ab. In der nächsten Stunde hieß es Wolle kämmen. Das machte zwar mehr Spaß, aber die schwindende Begeisterung blieb. Allein die Erkenntnis, dass ganz schön viel dazu gehört, bis ein Pulli entstanden ist, blieb.

Nächster Schritt, nächstes Lernen. Nachdem die Wolle gekämmt war, hieß es, diese mit einem Spinnrad zu einem Faden zu spinnen. Ach, ich habe vergessen zu erwähnen, dass zuvor im Werkunterricht ein Spinnrad gebaut worden war und wir Stricknadeln aus Holz erstellt haben. Also wir zwischen 7- und 13-Jährige spannen einen Faden und lernten beim nächsten Mal das Stricken mit diesem Faden. Ein Pullover entstand. Nicht schön, nicht gemütlich, aber wir trugen, jeder seinen, mit Stolz und Respekt. Wir wussten, wie das geht und was alles mindestens dafür notwendig ist.

Wie du dir denken kannst, lief das mit vielen Dingen in der Schule, auf der ich war, so. Es war, zumindest in dieser Zeit, für mich ein Ort, an dem ich das Lernen durch Begeisterung lernte.

Richard David Precht erzählte gern Folgendes in einigen Vorträgen über die Berechtigung der Philosophie:

Jeder von uns ist Spezialist in seinem Bereich. Dafür können wir andere Sachen nicht oder nicht so gut. Also hat und ist jeder von uns in mindestens einer Sache kompetent. Wir alle sind also jeder auf einer Insel mit seiner Kompetenz in einem Meer der Kompetenzen. In anderen Bereichen entwickeln wir sogenannte Kompensations-Kompetenzen, also Wege, wie wir mit Dingen umgehen können, von denen wir im Grunde keinen Plan haben. Die Aufgabe des Philosophen besteht nun darin, jede der Inseln miteinander zu verbinden.

Erst wenn ich weiß, wie ein Pulli gemacht ist und gemacht wird, kann ich auch darüber nachdenken, wie man ihn besser machen kann.

Die Kompensation von Dingen, die wir nicht wirklich wissen, ob wir uns nicht dafür interessiert haben oder weil wir nicht wissen, wo und wie wir es lernen könnten, findet Erfüllung im Shopping, in kurzweiliger Unterhaltung oder in anderen Verdrängungsstrategien. Der kurzzeitige Serotonin-Flash verschafft uns einen Glücksmoment, ähnlich einem Orgasmus. Doch denken wir danach noch lange darüber nach?

Ich rolle mit meinem Rolli so durch die Gegend und bemerke, dass das rechte, große Rad nicht so läuft wie sonst. Ich versuche herauszufinden, woran das liegt. „Ah! Es liegt daran, dass der Gummireifen aus der Felge springt!" Ich rufe mein Sanitätshaus an und sage Bescheid. Dann bitte ich noch, dass dies schnell behoben wird, da ich auf diesen rollenden Stuhl angewiesen bin. Nebenbei bemerkt: Ich sitze seit 5 Jahren auf diesem Vehikel und hatte dieses Problem schon einige Male. Du brauchst nicht glauben, dass mir geglaubt wird. Dann muss erst ein „Fach"mann kommen und sehen, was ist. Dann wird nach Tagen der Grund gesucht, nachdem der Mangel vom Fachmann bestätigt worden ist. Dann werden Ersatzteile bestellt. Wenn die dann da sind und ein weiterer Fachmann zur Montage Zeit hat, wird dem Mangel Abhilfe geschaffen und ich kann weiterfahren, obwohl das Ganze schon 3 Wochen eher mit sehr viel weniger Kosten erledigt hätte sein können.

Wäre es nicht vielleicht eine KISS-Idee einen Fragebogen zu entwickeln, der den „Kunden", den Patienten befragt, um herauszufinden, was am Gerät, am Rollstuhl nicht funktioniert? Dann könnte der Monteur direkt mit Ersatzteilen kommen. Dies würde aus meiner Sicht Geld, Aufwand und Zeit sparen. Außerdem wäre der „Kunde" glücklich. Nicht nur, weil ihm schnell geholfen werden konnte, sondern auch, weil er ernst genommen werden würde und nicht als unwissender Idiot sitzen gelassen wird. Es ist völlig okay, das normale Prozedere anzuwenden, wenn der Kunde sagt: Ich habe keinen Plan, warum das so ist. Aber jeden Patienten unter Generalverdacht zu stellen, ihm abzusprechen, dass er sich mit dem Gerät, das er seit Jahren unterm Arsch hat, auskennt und das auch sagt …

Auf dem Heimweg halte ich an einer Fußgänger-Ampel. Ein kleiner Junge mit seiner Mutter an der Hand kommt dazu und schaut interessiert auf meinen Rollstuhl. Als es grün wird, starten alle, ich inklusive. Der Junge stolpert hinter seiner Mutter her, sein Blick ist auf den E-Rolli fixiert. „Guck mal, der Rollstuhl fährt von allein!" Auf der anderen Seite angekommen stoppt der Junge und starrt weiter auf den Rolli. „Wie machst du das?" Ich war gemeint. Die Mutter ermahnt ihn, während ich sage: "Willst du mal?" Glanz in den Kinderaugen. Nach kurzem Gespräch mit der skeptischen Mutter verabreden wir uns auf dem Parkplatz des Supermarktes. Ich setze mich auf eine Bank und lade den Jungen mit einer Geste ein, Platz zu nehmen, erkläre ihm, wie der „Feuer"-Stuhl funktioniert, stelle ihn auf die niedrigste Geschwindigkeit und lasse ihn ein paar Runden in der Abendsonne des Parkplatzes drehen. Der Junge hat Spaß. Als die Mutter „befiehlt": „Jetzt ist genug!" und sowohl der Junge als auch ich mit enttäuschtem Blick der Aktion ein Ende machen, ich wieder Platz nehme und der Junge fragt, warum ich eigentlich diesen geilen Stuhl brauche, erzähle ich ihm von dieser blöden Multiplen Sklerose:

„Du kennst das doch, wenn dein Papa einen Kurzschluss in seinem Elektro-Gerät hat. Dein Papa ist sauer und nix geht mehr. Und du kennst vielleicht den Spruch: Ich brauch mal einen Gedankenblitz. Der Junge nickt gespannt. Ich sage: „Okay, also wenn in unserem Kopf ein Kurzschluss ist, funktioniert da oben auch nicht mehr alles. Zum Beispiel kann man nicht mehr laufen. Und deshalb brauche ich den Rollstuhl."

Wir fahren und gehen unserer Wege. Auf dem Heimweg denke ich, dass diese simple und einfache Erklärung von dieser Krankheit alles klar macht und furchtbar einfach ist.

Quellen:
Richard David-Precht: „Jäger, Hirten, Kritiker. Eine Utopie für die digitale Gesellschaft" 2018 Goldmann-Verlag

Ein Weg, zu zweit allein und nicht einsam zu sein.

Ein paar Tage bin ich ja nun schon auch auf dieser Welt und hatte Gelegenheit, die unterschiedlichsten Lebensformen zu leben. Als Single, als Paar, in einer Gruppe, als Single in einer WG, mit viel und wenig Platz, mit viel und ohne Geld. In unterschiedlichsten architektonischen Konzepten. In der Stadt, auf dem Land etc.

In Einzel-, Großraum- oder Gruppenbüros. Und mir ist durchaus bewusst, dass nicht alles überall geht und nicht alles für jeden passt.

Frage ich in die Runde: Wo und wie fühlt ihr euch wohl? Wo und wie macht das, was man tut, am ehesten glücklich? Leben, arbeiten, kommunizieren oder Ideen austauschen, dann ist häufig die Antwort:von allem etwas!

Frage ich dann weiter: Ja, und warum lebt ihr dann nicht so, dass ihr dieses Ziel erreicht? Ist die häufigste Antwort: Weil das nicht geht. Ich frage dann gern weiter: Warum nicht? Was müsste passieren, damit es geht, und was wäre damit verbunden?

Stellt man sich den Wohnraum eines Paares ohne Kinder vor, so ist man schnell bei 2-3 Zimmern, Küche, Bad etc. Und bei einem Paar mit 1-2 Kindern schnell bei 3-4 Zimmern etc. Da unsere Konsumgesellschaft aber nur diesen Idealfall im Blick hat, weil es ihr vorgespielt wird, scheinen Alternativen auszuscheiden. Die Wohnungsbauer, die Architekten, die Werbung und die Möbelindustrie gehen heute noch von diesem „Idealfall" aus. Und selbst wenn es so wäre, müssen die Wohnungen heute noch so aussehen?

Ich bin mir sicher: Viele haben sich, insbesondere bei der vorherrschenden Wohnkonzentration schon viele Gedanken gemacht. Immer wieder werden auch alternative Wohnformen ins Spiel gebracht, doch kaum jemand setzt sich visionär durch. Woran liegt das? Und oft halten wir uns noch dazu den Großteil des Tages gar nicht in diesen Räumen auf.

Ich finde schon, dass es sich lohnt, darüber nachzudenken. Oder es ergibt sich anderweitig eine visionäre Form des privaten Lebens.

Was ist mit großen Mehr-Generationen-Wohnungen? Was mit WGs für Paare oder einfach Mehrfamilien-Wohnungen und Häuser, in denen jeder seinen eigenen Raum hat, gemeinsam gelebt, gekocht, gegessen oder freie Zeit kommunikativ verbracht wird. Wo sich auch jeder zu jeder Zeit zurückziehen kann.

Mangelnder Platz? Zu hohe Mieten oder Kaufpreise?

Spätestens hier könnte der Staat unterstützen, indem er Unternehmen/Arbeitgeber durch Förderung wieder das Umland ins Spiel und in die Köpfe bringen würde. Wer hat eigentlich gesagt, dass nur in Berlin, Hamburg, München, Frankfurt oder Düsseldorf Geld verdient werden kann?

Insbesondere wo das „Home-Office" mehr an Bedeutung gewinnt.

(Alle Städte, die ich nicht genannt habe, bitte ich um Entschuldigung.)

Ich fahre oft mit meinen Rollstuhl durch die Provinz-Metropole an Häusern und Alters-Residenzen vorbei, während es so scheint, als würden die dunklen Fensteraugen Tränen aus Einsamkeit vergießen, weil hinter diesen Fenstern einsame Geschöpfe leben.

Wie könnte es anders sein? Gut, es gibt mittlerweile allerlei Wohnkonzepte, gerade auch für ältere Menschen, doch diese sind verhältnismäßig selten. Und ja, es ist nicht einfach, eine Gemeinschaft zu bilden, die gut funktioniert. Doch wenn die Motivation der Anbieter größer wäre, gäbe es auch bessere Angebote.

Wenn die trendbildenden Medien und Marken Alternativen „vorleben" würden, Geschichten aus diesen anderen Lebenskonzepten erzählen würden, Vor- und Nachteile aufzeigen würden, fände sich sicher einiges an Potenzial für Geschichten, Trends und Lebenskonzepten.

Alltag

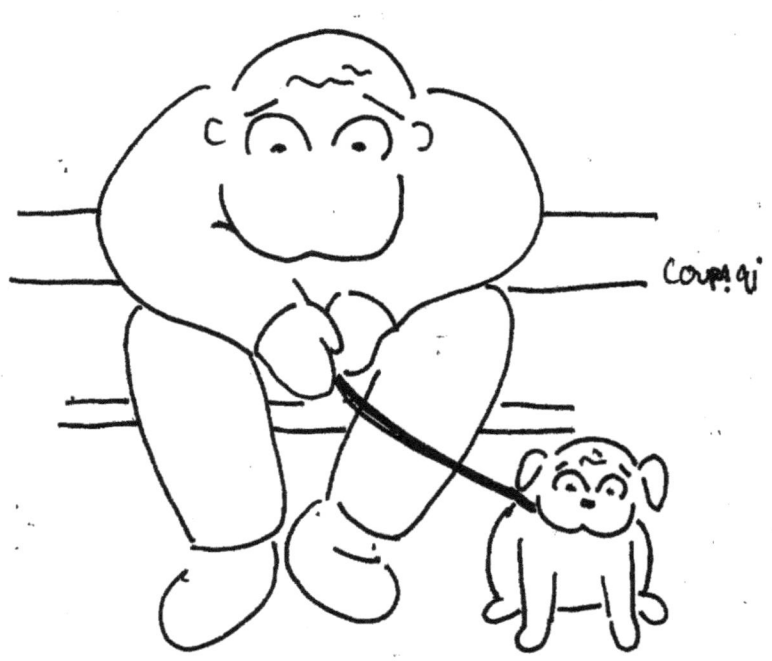

Spiegel-Neuronen

Warum ist der Hausbesuch so aus der „Mode" gekommen?

Du wirst gedanklich vielleicht geantwortet haben: „Wegen Corona. Weil die Zeit dazu nicht mehr die Zeit hat", oder „Weil es nicht mehr finanzierbar ist, aber das war vor Corona ja auch schon so." Aber ist das wirklich so?

Lassen wir uns doch heute schon alles nach Hause liefern. Sei es aus Bequemlichkeit, ironischem Zeitmangel oder aufgrund eines Handicaps. Nur zur Bank, oder dem Bank-O-Maten, zum Anwalt oder zum Arzt wollen wir noch, weil wir dann doch noch das Vertraute, das persönliche Gespräch und das dazwischen suchen. Was die Arbeit angeht, gibt es mittlerweile das „Home-Office", das die Deutschen spätestens durch „Corona" entdeckt haben, und spätestens jetzt festgestellt haben, dass das geht; auch wenn es gewöhnungsbedürftig ist. Aber Besprechungen finden häufig immer noch in Konferenzzimmern statt. Ist diese Organisation heute noch und im Hinblick auf die Zukunft noch die beste Lösung, das beste Konzept? Und wie sieht es mit der Ökobilanz aus?

Beispiel Arzt oder Anwalt: Der kommt in der Regel von irgendwo her morgens in die Praxis oder Kanzlei. Mindestens eine Mitarbeiterin/Mitarbeiter auch. Laut computerorganisierter Terminplanung gibt es beispielsweise drei bis fünf Patienten/Mandanten am Vormittag. Die müssen auch alle von irgendwoher irgendwie dorthin.

Nur mal angenommen, und ich exkludiere alle „Termine", die großer technischer Geräte bedürfen:

Der Arzt oder Anwalt besucht die Patienten/Klienten zu Hause nach einem digitaloptimierten Fahr- und Zeitplan.

Vorteil: Nur einer ist unterwegs. Die Praxis-Managerin führt den Arzt/Anwalt von zu Hause aus, wo sich das Home-Office befindet.

So kann sich der Arzt oder Anwalt auch ein Bild des heimischen Umfeldes des Patienten machen, kann mit ihm auf einer freundschaftlichen, vertrauensvollen Ebene kommunizieren und sich im günstigsten Fall auch mehr Zeit nehmen.

Beispiel Meeting: Niemand wohnt in dem Haus, in dem eine Besprechung stattfindet. Aber alle Teilnehmer gehen/besorgen sich über den Tag etwas zu essen und sei es nur ein Snack.

In dem guten alten Italien, das ich noch kannte, oder auch in Frankreich oder in New York wurden und werden Besprechungen gern in Restaurants geführt. Man kann das Angenehme mit dem Nützlichen verbinden, wenn man schon mal in der gleichen Stadt ist. Oder man nimmt an einer Video-Konferenz teil. Bequem vom Sofa oder heimischen Schreibtisch. „Buon Appetito!", sage ich in Gedanken und rolle zu meinem Stammitaliener, der mit Multi-Kulti-Besatzung für mein leibliches Wohl sorgt. Die Mannschaft besteht aus einem italienischen Koch, aus einem Hilfskoch aus Ägypten, einem türkischen Tellerwäscher und einem kurdischen Chef-Kellner mit seiner viel zu jungen Frau. Lediglich die zweite Kellnerin kommt aus Deutschland. Alle verstehen sich mehr oder weniger, und alle versuchen, Italien Rechnung zu tragen. Das Beste an diesem Etablissement ist, dass es barrierefrei ist.

Hohe, kleine Stufen.

Wer wie ich im Rollstuhl unterwegs ist – einige Nutzer von Rollatoren werden es auch kennen –, ist mit dem Phänomen vertraut,
dass so manche Stufe und so mancher Bordstein unüberwindbar ist,
obwohl er flach zu sein scheint. Als ich noch zu Fuß unterwegs war,
fiel es mir nicht auf. Ich dachte gar nicht darüber nach; kurz, es war
für mich kein Thema. Jetzt ist es anders, wie es auch für rund 2 Mio.
weitere Rollstuhlfahrer in Deutschland anders ist. Und für viele Nutzer von Rollatoren und Krücken.

Selbst scheinbar abgeflachte Bordsteine an Straßen und Plätzen,
Übergänge vom Bahnsteig in den Zug, Wege in öffentliche Räume,
in Restaurants, Geschäfte und Büros bedürfen oft einer ausgepräg-
ten Kreativität, um das Hindernis zu überwinden. Warum ist das so
und warum ändert sich diesbezüglich so wenig? Wie schon gesagt, so
lange alles normal läuft, fällt es nicht auf, ist es aber anders …

Zweifellos gibt es da große regionale Unterschiede.

Auch wenn wir mittlerweile in einer Welt mit zunehmender sozialer
Diversität leben und die Akzeptanz zunimmt; sei es durch Trends, sei
es durch Bewegungen, sei es durch Kampf, bleibt doch jede kultu-
relle, soziologische, ethnische, körperliche oder geistige Gruppe oft
eine Minderheit, im Vergleich zum Rest, und sei es eine gefühlte.

Die Gleichberechtigung der Frau beispielsweise, ist schon ein gutes
Stück vorangekommen, zumindest in großen Teilen der Welt. Und
sicherlich ist auch dort das Ziel noch nicht erreicht. Was aber die
meisten „Minderheiten" angeht, ist noch nicht einmal angefangen
worden. Ich schreibe hier Deutschland betreffend.

Nehmen wir beispielsweise eine junge, jüdische Frau aus Syrien, die im Rollstuhl sitzt und in Deutschland publizistisch arbeitet. Wie viele Minderheiten hat sie in ihrer Persönlichkeit? Wie viele Kämpfe muss sie überstehen, bis sie als individuelle Persönlichkeit von der „Mehrheit" akzeptiert ist? Und ist dies überhaupt möglich?

Und wenn ja, wie?

Wie so oft gibt es viele Optionen, die zu einer Antwort auf diese Frage führen. Die aus meiner Sicht simpelste und gleichzeitig smarteste ist RESPEKT!

In dem französischen Spielfilm der Regisseure Olivier Nakache und Éric Toledano „Ziemlich beste Freunde" aus dem Jahr 2011 wird diese Verhaltensweise sehr gefühlvoll zum Ausdruck gebracht, die Aretha Franklin in ihrem Song „RESPECT" von 1965 groß machte.

Vielleicht sollte es dieser Idee folgend auch nicht eine Frauenbeauftragte, einen Behindertenbeauftragten, Integrationshelfer und Gleichstellungsbeauftragte geben, sondern eine Einladung an alle ausgesprochen werden, sich des Respektes allen und allem gegenüber bewusst zu werden, um Verantwortung für alles und jeden übernehmen zu können; inklusive sich selbst.

Eine Multiple Sklerose-Gesellschaft hatte vor einigen Jahren die sogenannte Fühlstraße ins Leben gerufen. Auf einem kleinen Parcours sollten Besucher präpariert werden, um ansatzweise erleben zu können, wie es einem MS-ler geht, wie er sich fühlt und mit welchen Schwierigkeiten er tagtäglich kämpfen muss, um seinen Alltag zu meistern.

Arme und/oder Beine wurden mit Gewichtsmanschetten versehen, um die Probanden/Besucher erleben zu lassen, wie es sein kann und wie es sich anfühlt, wenn beispielsweise die Beine bei jedem Schritt schwerer und schwerer werden.

Wenn man sie dann noch über ein Brett laufen lässt, das auf weichem, dickem Schaumstoff liegt, sodass sich jeder Schritt anfühlt wie auf einem Boot bei Windstärke 10. Oder ihnen eine Brille aufsetzt, die mit Creme verschmiert ist, wird den Menschen bewusst, wie sich mancher MS-ler fühlt und wie er sehen kann.

Lässt man die Besucher dann noch selbst im Rollstuhl eine Strecke durch die Stadt oder durchs Gebäude fahren, sollte es jedem bewusst werden, was es heißt, mit den Einschränkungen klarzukommen und wie hilfreich es wäre, wenn dieses Bewusstsein dazu führt, Verantwortung für die Gestaltung von Wegen, Häusern oder Fortbewegungsmitteln zu übernehmen. Dann bräuchte es auch keine Beauftragten, die, seien wir ehrlich, nur eine Alibifunktion einnehmen.

Es ist wie bei dem kleinen neugierigen Jungen, der wissen wollte, wie das so ist mit einem Rollstuhl.

Er hat diese Erfahrung bestimmt nicht vergessen und wird dadurch anders handeln.

Eine smarte Idee hatte eine Rollstuhlfahrerin: Sie sammelte Geld, Zeit, Legosteine und baute zusammen mit ihrem Mann und anderen Helfern Rollstuhl-Rampen aus den alten ausgedienten Lego-Steinen. Selbst Kinder machten mit. Die Rampen wurden Geschäften und Restaurants kostenlos weitergegeben und an die typischen, tückischen Eingangsstufen gestellt. Das wirklich Ätzende an dieser echt guten Idee und Aktion ist, dass, soweit ich weiß, sich weder die Ladenbetreiber, die Vermieter oder Stadtverwaltungen daran beteiligt hatten. Ganz nach dem Motto vom Staate nimm.

Quellen:
https://de.wikipedia.org/wiki/Olivier_Nakache
https://de.wikipedia.org/wiki/%2525C3%252589ric_Toledano

Feier–Abend

Wie wäre es, auch Menschen mit Handicap als Presenter in der Unternehmenskommunikation einzusetzen?

Dove hat es perfekt Ende der 1990er-Jahre vorgemacht. Menschen, zweifellos auf ihre Weise attraktive Menschen, warben für die Marke und auch für Produkte von Dove. Zweifellos alles Frauen. Denn Dove war und ist vornehmlich ein feminines Produkt. Aus meiner Sicht wirklich vorbildlich und immer noch ein gutes Beispiel, um die Kampagnen-Idee zu adaptieren und zu interpretieren. Ist es doch in einer Welt der Bilder viel auffälliger und merkbarer, beispielsweise auf einem Web-Banner oder auf einem Plakat eine sehr füllige, attraktive Frau zu sehen, beispielsweise mit der Headline: „Jetzt kriege ich das hin!", die für ein Fitness-Studio wirbt, als eine weitere durchtrainierte, die schlicht nur den Daumen in die Kamera streckt. Oder eine Frau im Rollstuhl, welche die neuste Mode von XXX trägt und selbstbewusst präsentiert. Was ist so verwerflich an einem Mann mit Down-Syndrom, der durch einen Baumarkt läuft? Warum wirbt kein Contergan-Mann für eine Partei? Warum keine Krebskranke für Mützen oder Hüte? Zu abstoßend? Zu objekthaft?

Mag sein, dass man das Gefühl von Mitleid schürt. Das wäre sicher falsch. Kaum jemand, der mit einer Behinderung, mit einer Krankheit leben muss, will Mitleid. Doch wenn wir uns alle respektvoll und „auf Augenhöhe" begegnen, fällt auch der Behinderten-Stempel weg.
Sorry Leute, es nicht zu tun, ist viel degradierender und trägt nicht zur Diversifikation und Integration bei. Hallo!? Das sind auch Men-

schen! Mit Gefühlen, Wünschen, Bedürfnissen, qualifizierten Fähigkeiten, Talenten und Träumen!

Außerdem sind solche Plakate, Spots, Banner oder was auch immer zehnmal einprägsamer als ein perfektes Lächeln eines perfekten Gesichts.

Und wenn das entsprechende Unternehmen sich auch noch nachhaltig dieser Gruppe von Menschen annimmt – der Image-Gewinn ist bedenkenswert. Ich möchte in diesem Zusammenhang nicht unerwähnt lassen, dass es Firmen und Marken gibt, die in diese Richtung gehen. Es könnten so viel mehr sein. Ganz egal in welchem Bereich. Oder würden Sie eine Marke nicht mehr kaufen, weil eine Blinde sagt: „Das fühlt sich soooooo gut an" und für einen modischen Schal aus feinem Strick wirbt? („Mit XYZ gewaschen?")

Da müsste doch den jungen Kreativen das Herz aufgehen, über so etwas nachzudenken. Während die Justiziare mal konstruktiv an neuem Entstehen arbeiten können. Und die Marke: („Ach, du meinst die, die blind ist und für Mode wirbt?")

Was allerdings die positiven Ansätze bisher (in Deutschland) zum Scheitern verurteilen, ist diese völlig deplatzierte Bildsprache. Man sehe sich nur den Lifte-Opa an, der mit Stolz und mitleidigem Blick langsam die Treppe runter kommt. Oder die Aktion Mensch oder ähnliche, die vor allem Anteilnahme erregen sollen.

Andersherum ist es aber auch nicht besser. Da zeigt die Deutsche Multiple Sklerose-Gesellschaft ständig junge, glückliche Menschen, die sportlich durchs Leben humpeln.
Jetzt wirst du fragen: „Ja, was denn jetzt?"
Und ich werde antworten: „Ganz natürlich, humorvoll, leicht sarkastisch etc."

„Ich weiß alles!"

In einer Zeit, in der ich, wie viele andere auch, unfreiwillig von der „Droge" Pubertät heimgesucht, davon geprägt wurde und von ihr abhängig war, sagte ich eine gewisse Zeit lang, und ein sehr guter Freund übrigens auch, „Ich weiß alles!" So vermessen es klingen mag, irgendwie stimmte es auch.

Mehr noch: Wir alle können unsere höchst individuelle Fantasie stellvertretend für Wissen nutzen, um eine, mindestens eine Lösung für ein Problem zu finden beziehungsweise einen Weg zu gehen, der zu einer guten Lösung führt.

Noch ein Zitat: „Wenn du nicht weiter kommst, liegt es vielleicht daran, dass du dich an die Regeln hältst." (Paul Arden).

Ein Beispiel:

Du hast ein Bild im Rahmen und möchtest es gern als Überraschung aufhängen, bevor die Person, die du überraschen willst, nach Hause kommt, aber du hast weder Nagel noch Hammer. Was tust du?

Du kannst jemanden in deiner Nähe fragen, ob er dir die Sachen, die du brauchst, ausleiht. Du könnest diese Person auch fragen, ob sie Zeit und Lust hat, dies für dich zu übernehmen. Eine weitere Option kann sein, dass du das Bild im Rahmen geschmackvoll in den Raum stellst und die Person später fragst, wo sie es gern aufgehängt hätte, wenn es ihr gefällt. Oder du malst es in doppelter Größe selbst an die Wand, die dir richtig erscheint. Oder du machst schnell ein Foto davon und gibst es online an einen Copyshop, der das Bild überdimensional druckt und auf die freie Plakatwand klebt; dazu der Satz: „Willkommen zu Hause, XY!

Dazu fällt mir eine Geschichte von Andreas Jakobs, einem Publizisten und Designer, ein. In einem Vortrag erzählte er, dass er seine Familie bat, ihm ein Pferd zu zeichnen, da er diese Zeichnung für einen Vortrag bräuchte. Das Kind fing gleich an zu malen, während seine Frau sagte: Ich kann nicht zeichnen. Jakobs sagte, dass jeder zeichnen könne und zeigte das eben fertiggestellte Bild des Kindes. Missmutig zeichnete auch die Frau ein Pferd. Wenig später zeigte sie Andreas ihr Bild mit den Worten: Sieh mal, mein Pferd bremst.

Es sind die eigenen Ansprüche, die sich im Lauf des Lebens entwickeln und vorzugeben scheinen, wie etwas sein MUSS, damit es den eigenen Ansprüchen gerecht wird.

Niemand wird erschossen, nur weil etwas anders ist als gewohnt. Eine Erkenntnis, die mir sehr geholfen hat, mit meinen Handicaps gut leben zu können. Getrost dem Motto: Alles geht, nur anders.

Und noch etwas zum Zeichnen. Als ich selbst in einer ziemlichen Identitätskrise steckte, zeichnete ich mal, wie, wo etc. ich in einem Jahr leben will, und diese Zeichnung, die ich für mich als gut empfand, wurde mein „Ziel-Bild". Ich zeigte es niemandem und nur ich sah es immer wieder mal an. Ein gutes Jahr später entsprach mein Leben, mein Umfeld etc. dieser Zeichnung.

Mittlerweile nutze ich diese „Technik" gern bei Coachings; mit guten Erfolgen.

Also, jeder kann alles; nur anders. Die vermeintlichen Ansprüche sind es, die uns hemmen.

Kreativität ist also eine wohlwollende Umschreibung dessen, was aus Mut, mangelnden Mitteln und Neuem möglich ist. Als Erwachsener stehst du dir oftmals selbst im Weg. Du weißt, wie es üblicherweise gemacht wird. Du hast das, was du im Kopf hast, schon einmal gesehen, und so soll es dann auch sein. Warum? Kann es nicht anders besser sein? Und wer sagt überhaupt, dass es so, wie du es im Kopf hast, sein muss? Nur weil du schon mal gesehen oder gehört hast, dass es so richtig ist? Wer stellt eigentlich das Gesetzes-Schild auf, dass es so sein muss?

Natürlich gibt es Regeln, wie schon erwähnt, und, wie erwähnt, sind diese auch zu brechen, wenn man nicht weiter kommt. Ein Kind nimmt sich einen Stock, weil nichts anderes da ist. Schaut sich den Stock an und lässt sich inspirieren. Auf einmal wird aus dem Stock ein Schiff, oder ein Zauberstab, oder ein Laserschwert, und das Kind taucht ab in seine Fantasiewelt.

Das Interessante dabei ist, es hat keine Angst und es ist ihm auch nicht peinlich, wenn es von einem Erwachsenen gefragt wird, was das denn solle und was es denn da mache. Das Kind erklärt, dass es dank des Schiffes die Prinzessin vom anderen Ufer befreien und retten konnte. Für eine andere Kreative war der Stock ein Feenstab, mit Hilfe dessen die Prinzessin das Königreich von dem Zauber der Welt befreien konnte.

Wenn die „Fridays-for-Future"-Aktivistin Greta Thunberg mit einem Segelschiff, das nicht ausschließlich aus Naturmaterialien gebaut ist, über den Atlantik segelt, regen sich viele auf, wenn sie dann auch noch zurück fliegt. Anstelle zu sehen, dass es bedenkenswerte Alternativen gibt, von A nach B zu kommen.

Herbert Grönemeyer sang einmal: „Kinder an die Macht". Wie recht er doch mit diesem Aufruf hatte.

Quellen:
Paul Arden (7. April 1940 – 2. April 2008) war Kreativdirektor von Saatchi und Saatchi und Autor mehrerer Bücher über Werbung und Motivation, darunter „Whatever You Think, Think The Opposite" und „It's Not How Good You Are, It's How Good You want to be".

Dialog 2

„In between"

Wer erinnert sich nicht an die Novität des Malens hinter Glas von Pablo Picasso. Aus Linien wurden Formen, aus denen Bilder wurden; die dann wieder verändert, übermalt wurden.

Wer selbst schon mal Zettel und Stift in die Hand genommen hat, wird sich erinnern, welch Mut dazu gehört, einen veränderten Strich zu setzen, um dem, was man im Kopf hat, deutlicher Ausdruck zu geben. Oder sein Werk früher als geplant als vollendet zu bezeichnen. Vielleicht fehlt an der gezeichneten Person noch ein Arm oder das Gesicht, und trotzdem sagt das Gefühl des Schaffenden: fertig!

In den 1990er-Jahren war ich nicht nur jung und naiv, ich hatte mehr Mut als später. Die Verlustangst dessen, was ich an „Werten" glaubte aufgebaut zu haben, hinderte mich daran, aus Ideen Reales entstehen zu lassen. Doch damals war ich vor allem voller Tatendrang. Und im Übrigen (es geht mir nicht um Wortklauberei, da ich der Meinung bin, dass jeder Dinge so benennen können soll, wie er es für richtig hält) sind für mich Leute, die etwas erschaffen, Kreateure.

Wie dem auch sei, ich hatte seinerzeit eine starke Motivation, einige Bücher herauszubringen; unter anderem einen Foto-Band von mir. Außerdem ein Malbuch für Erwachsene. Bestückt war das Buch mit groben, grauen Pinselstrichen, aus denen dann der Besitzer des Buches durch weitere Striche dem „Bild" eine Geschichte verleihen sollte.

Der springende Punkt bei der ganzen Story ist, dass ich diesen Verlag, diese Bücher, einfach mal gemacht hab, ohne zu wissen, wie das mit einem Verlag etc. so geht. Ohne ein gesundes Kapital, ohne

Businessplan. Gut, es hat nicht wirklich geklappt und ich verkaufte den Verlag, die gedruckten Bücher und die Rechte, um die entstandenen Schulden bedienen zu können. Egal. Das Ziel war, etwas auf die Beine zu stellen. Habe ich!

Also die Linien und Kleckse in besagtem Buch sollten inspirieren, die Gedanken strukturieren und Neues entstehen lassen.

Etwas, das Pausen füllen kann. Pausen, die unendlich viel schöpferisches Potenzial haben. Wenn ich beispielsweise in meinem Rolli auf den Zug warte und mich umschaue, entstehen Gedanken. Diese entwickeln sich weiter, und so ist auch dieses Buch entstanden.

Was ich damit sagen will, ist, dass Pausen, Kleckse oder an die Hauswand geschriebene Zeilen aus einem inneren Drang entstehen und andere vielleicht inspirieren.

In diesem „In between"-Momentum, im Zug, in einer Warte-Zone mache ich gern Fotos mit meiner Handykamera, möglichst unbemerkt. Diesen einen magischen Augenblick festzuhalten, ist mir wichtiger als Perfektion, genauso wie flüchtige Skizzen intuitiv entstehen.

Einzig mein ästhetischer Anspruch lässt mich später noch einmal Hand an diesen legen. Digital, analog, übermalt, scheißegal. Hauptsache dieser eine Gedanke, der da visuell festgehalten wurde, ist deutlich.

Durch meine MS fällt es mir sehr schwer, die Motive so zu malen, wie ich sie mir vorstelle. Aus diesem Grund bediene ich mich meiner „In between-Art".

Analog, Digital.

Als eine Art „Puck, die Stubenfliege", so bezeichne ich mich hin und wieder, weil ein MS-ler seltener ein Unternehmungslustiger ist. Zu viele Hindernisse, Wenns und Abers. Und als ein solcher Stubenhocker bin ich der Entwicklung INTERNET sehr dankbar. Die Wenns und Abers, was das Online-Shopping und das E-Commerce angeht, werden schnell mit dem Satz: Ich komm da weder hin noch rein, weggewischt. Dazu sind in Deutschland die Köpfe noch nicht offen genug. Behinderte haben keine Lobby.

Natürlich nehme ich mir die Freiheit, dann und wann zum Supermarkt zu fahren, den ich für richtig erachte. Nur in Fachgeschäfte und übrigens auch in viele Behörden komme ich, wenn überhaupt, nur mit Aufwand rein. Da überlegt man sich siebenmal, ob man mit Bekannten einen lustigen Abend in der Kellerbar begeht.

Übrigens sind es für so manchen MS-ler ja nicht nur die Zugangsmöglichkeiten und die sanitären Anlagen, es ist auch der Geräuschpegel und das Gewusel, was so manchen MS-ler zum Überdenken bringt, und wenn man dann lieber die Einladung absagt, heißt es: Stubenhocker oder Langweiler, denn als Betroffener fühlt man sich schnell in der Rechtfertigungsrolle; auch wenn es gar nicht so ist. Letztlich ist es für MS-ler, und da bin ich nicht alleine, Stress.

Wie auch immer. Für Menschen wie mich ist das Internet-Shoppen ein Segen. Nicht, dass ich zu einem krüppeligen Konsum-Junky geworden wäre. Ich habe auch schon in gesunden Zeiten das Einkaufen für mich gehasst. Supermarkt ist okay, aber such mal als Rollstuhlfahrer eine Hose.

Nun habe ich aber das Erleben von Marken, Werbung, Präsentation schon mit der „Muttermilch" aufgesogen. Und was das betrifft, bin ich mittlerweile nahezu verdurstet. Nicht nur, weil die Werte einer Marke hinter das billigste Angebot gerutscht sind. Das Erlebnis Marke ist so gut wie weg. Selbst die Marken-TV- und Internet-Werbung zieht nur auf den JETZT-Preis. Ich nehme an, dass dies daran liegt, dass die Verantwortlichen in den Marken-Zentralen nicht an einem langfristigen Markenaufbau interessiert sind, da die entsprechenden Menschen nach kurzer Zeit an anderem Ort die Gehalts- und Karrierestufe hinaufgestolpert sind, sodass die Marke wieder von der nächsten Fachperson geführt wird. Es werden wieder neue Strategien und Optimierungsprogramme entwickelt, für viel Geld neue Vermarktungskampagnen gestartet und neue Personen eingesetzt. Es ist ein bisschen ähnlich einer politischen Wahlperiode. Die Kontinuität fehlt; und ein ganzheitlicher Spirit.

Ist dir auch aufgefallen, dass die großen Marken fast alle keinen Claim tragen? War der Claim in den 1950er bis 1990er Jahren Ausdruck des Anspruches einer Marke, die Richtung eines Unternehmens, auf das man sich verlassen konnte. „Think Different", „Freude durch Technik", „Ich liebe es!".

Konsumenten wachsen mit diesen Werten auf, verlassen sich darauf und verzeihen einen Fehltritt des Unternehmen eher als den einer No-Name-Handelskette.

Auch im Netz ist Marke und der Ernst einer Marke, also all das, was einer Marke wichtig ist, aufgrund des Überangebotes an Kanälen, Web-Stores etc. scheinbar in die Bedeutungslosigkeit abgedriftet. Das Bild einer Marke wird durch eine kluge Corporate Identity noch am Leben gehalten, aber wofür steht ein Unternehmen, eine Marke noch?

Gerade im Netz ist doch der Wert einer Marke, nahezu grenzenlos zu erzählen und zu kommunizieren. Brandstories, Image-Campaigns und die Influencer-„real"-Stories geben viel kreativen und wirtschaft-lichen Spielraum. Wenn diese Media-Maßnahmen dann noch in Form von Previews angekündigt werden, sollte das Feuerwerk starten können. Und um wieder auf das Online-Shopping zurückzukommen, könnten mediale Maßnahmen auch und vor allem auf den Shopping-Sites geschaltet werden. Denn dort sitzt die Zielgruppe.

Nur mal angenommen, eine Frau sucht einen neuen Hut. (Ich habe extra keine Schuhe als Beispiel genommen.) Sie kauft nicht ständig Hüte und schaut mal, was es unter Hüte so im Netz gibt, weil sie letztens in der TV-WERBUNG einen Spot einer Hut-Marke gesehen hat. Dort sucht sie sich aus dem Angebot ein paar Hüte aus. Sie betrachtet sich einige genauer, und bei dem einem oder anderen Hut erscheint beim Aufrufen der Seite ein Spot, der das Image, den Stil, den Wert der aufgerufenen Marke des Hutes vertritt. Wenn dies nicht durch eine inhaltliche und visuelle Geschichte erzählt wird, die ins Herz der Konsumentin trifft, was soll es dann sein?

Gerade fuhr ein gelber Kleinlieferwagen an mir fast lautlos vorbei. Lediglich die Bremsen quietschten, und wenn das Fahrzeug über einen Bordstein fuhr, hörte es sich recht billig an, so, als ob eine Pappschachtel verrückt worden wäre. Um ganz ehrlich zu sein, sah das Gefährt auch so aus; lediglich mit einem Fahrgastraum an der Stirnseite. Ich sah dem Gefährt noch länger nach und erinnerte mich an einen Vortrag, leider weiß ich nicht mehr von wem, der die Frage behandelte, ob die vielen Lieferwagen, die durch den Online-Handel auf die Straße geschickt werden, für die Umwelt ein Fluch oder ein Segen sind. Jemand sagte in der Diskussion, dass sie sicher ein Segen wären, wenn die vielen Rücksendungen die Bilanz nicht negativ beeinflussen würden. Also war meine Schlussfolgerung, sollte daran gearbeitet werden.

Da ich selbst bisher genau deswegen recht wenig davon hielt, als Gehandicapter notgedrungen aber vermehrt davon Gebrauch machen musste, etwas online zu bestellen, fing ich an, darüber nachzudenken, wie diese Fehlbestellungen minimiert werden könnten. Dazu habe ich mich mit „heavy usern" unterhalten. Zugegeben, dies waren überwiegend weibliche und auch viele, die aufgrund ihrer Handicaps ebenfalls online bestellten. Interessanterweise waren darunter wenig chronische Besteller.

Das Hauptproblem der Fehlbestellungen liegt demzufolge an nicht-authentischen Warenbeschreibungen, falschen Größenangaben oder fehlenden Maßangaben. Hinzu kommen zu wenig Informationen über Material, Qualität und weiterer Details, die den eigentlich guten ökologischen „Fingerabdruck" im Gesamtergebnis schlecht aussehen lassen.

Also ist meine naive Schlussfolgerung, liegt es auch hier an schlechter Kommunikation.

Blog-Dialog

Die Sache mit dem System.

Eines der kleinsten und gleichzeitig eines der entscheidendsten Systeme sind wir selbst, als Individuum, als Mensch. Gleichzeitig sind wir Menschen mit all unseren Fähigkeiten und Unfähigkeiten, Interessen, Talenten und Emotionen so komplex, dass wir das System Mensch, also uns, kaum selbst erfassen, begreifen und voll berücksichtigen können.

Die Neurowissenschaftler, Designer und die Industrie arbeiten mit Hochdruck und viel Engagement daran, das System Mensch zu verstehen und die Geheimnisse des Gehirns zu entschlüsseln. So ist es kaum verwunderlich, dass das Zusammentreffen zweier Menschen, also zweier Systeme, nicht ohne Komplikationen vonstattengeht.

Noch komplexer, und damit auch komplizierter wird es, wenn mehrere Menschen sich ein System einfallen lassen, um Regeln für noch mehr Lebewesen festzulegen.

Nehmen wir beispielsweise ein Gebäude. Dieses muss gewissen Basiskriterien Rechnung tragen. So meint man. Stellt man dann aber die Frage, ob denn alles und jeder Berücksichtigung findet, stellt man fest, dass dem nicht so ist. Beispielsweise fehlt ein barrierefreier Zugang, an breitere Türen und energiesparende Strom- und Heiz-Versorgung oder an das Miteinander in diesem Haus wurde nicht gedacht.

Bei Gesetzen und systemischer Vorgehensweise zu bestimmten Abläufen? Das Gleiche. Es ist kaum möglich, jeden Individualfall zu berücksichtigen. Dies ist aber erforderlich, um jedem Individuum gerecht zu werden. Also kann man sagen, dass das System fehlerhaft ist. Demzufolge ist es ein ungerechtes System und man kehrt zurück zu Einzelfallentscheidungen, welche von Einzelpersonen für den einen, individuellen Fall getroffen werden. Dann ist der Betroffene vielleicht glücklich, ruft aber gleichzeitig eine Anzahl an Neidern hervor, die sich ungerecht behandelt fühlen. Man sitzt in der Patsche. Das System, so stellt man fest, funktioniert für einen überwiegenden Teil, aber eben nicht für alle.

Was macht man jetzt? Soll man das System so laufen lassen, weil es für die Mehrheit passt?

Wie so oft gibt es viele Antworten auf diese Frage:

1. Ja, es bleibt alles wie es ist und die Minderheit, für die es nicht passt, fällt durchs Raster.
2. Dank der Algorithmen-Intelligenz der laufenden Digitalisierung erledigt der Computer das Problem.
3. Das Vitamin B übernimmt. Also alle, die über ausreichend Kontakte verfügen, sehen zu, dass sie zu der Lösung ihres Problems kommen, die sie anstreben.
4. Ein entsprechend zu bildender Ausschuss entscheidet über jeden Fall individuell.
5. Die Regeln werden so weit gefasst, dass jeder eigenverantwortlich darüber entscheidet.

Apropos Eigenverantwortlichkeit: Hält man es wie Sir John Whitmore, der Mit-Erfinder des Coachings, so wie wir es im nicht-sportlichen Bereich kennen, der sagte: Bewusstsein und Verantwortung sind die Grundsteine, auf denen alles Weitere aufbaut?

Ist man sich also seines Denkens und den daraus resultierenden Handlungen bewusst, übernimmt man auch die Verantwortung dafür.

Demzufolge sollte sich ein jeder selbst und daran messen lassen.

Dazu zwei Beispiele:

- In einem recht erfolgreichen Tagungshotel mit exzellenter Küche wurde jeder Mitarbeiter beim Einstellungsgespräch gefragt, wie viel seine Arbeit seiner Meinung nach wert sei und wie viel er verdienen wolle. Das ganze Team wusste voneinander, wie viel jeder verdiente.
- Dieses Honorar wurde ein Jahr entsprechend gezahlt. Am Ende des Jahres wurde jeder wieder gefragt, ob seine Arbeit seinem Honorar entspräche, und im beidseitigen Einverständnis wurde es angepasst.(Übrigens, das exzellente Restaurant wurde dadurch das, was es war, weil der Küchenchef bei der Einstellung gesagt hatte, dass er ein richtig gutes Restaurant daraus machen wolle und er dafür X Euro plus einen Porsche haben wolle. Er wurde seinem Anspruch gerecht.)
- Ein junger, etwas merkwürdiger Mann konnte nicht im Team arbeiten, und der Chef drohte, ihn rauszuschmeißen. Der merk-würdige Mann sagte, dass man ihm sein eigenes Projekt geben solle und er dafür X Euro haben wolle. Der Chef willigte ein und ein überzeugendes Produkt entstand, da der Mann selbst die Verantwortung für dieses Projekt übernommen hatte und es zu seinem Projekt gemacht hatte. Übrigens, dieser Mann war Steve Jobs.

Systeme können hilfreich, aber auch erschwerend sein. Dies wurde mir zuletzt bewusst, als ich mich als kreativer Freiberufler in das soziale System begeben musste. Nach der Diagnose meiner Multiplen Sklerose wurde ich aus dem System der Künstler-Sozialversicherung geschmissen, weil das System vorgesehen hatte, dass ich verrentet werden müsse, also nicht mehr arbeiten könne und deshalb auch nicht genug verdienen würde, um die Kriterien der Versicherung zu erfüllen. Die Folge: Sozialfall. Es sei nur so viel dazu angemerkt, dass es dann doch einen Pfad gab, auf dem ich in einem überschaubaren Rahmen meinen Tätigkeiten nachgehen konnte, der aber sehr schwer zu finden war.

Dazu fällt mir eine Geschichte ein:

Auf einer Klassenfahrt übernachteten wir, also die ganze Waldorfschulklasse in einem kleinen Ort weit weg von der Heimat in einer Jugendherberge. Alle zogen am Abend nach der Ankunft los und wollten noch etwas erleben. Die Kneipe auf unserem Weg erschien uns die richtige Lokation zu sein. Und es war dort günstig, kann ich dir sagen. Was leider zu übermäßigem Alkoholkonsum führte. Einige, darunter auch ich, „lachten in der Nacht rückwärts". Wieder zurück im heimischen Klassenzimmer wurde dann den Fehlerhaften und der ganzen Klasse mitgeteilt, dass die, die über die Stränge geschlagen hatten, von zukünftigen Klassenfahrten ausgeschlossen waren. Stille in der ganzen Klasse. Bis sich eine Schulkollegin hinstellte und dem Klassenlehrer sagte, dass dann alle aus der Klasse nicht mehr auf Klassenfahrt gehen könnten, da alle den Alkoholmissbrauch begangen hatten. Die Lehrerschaft zog sich zur Beratung zurück, um uns dann mitzuteilen, dass diese Maßnahme aufgehoben sei, da die Klasse sich als Gemeinschaft bewiesen hätte. Wir fühlten uns unglaublich stark. Und da ist es wieder: Bewusstsein und Verantwortung! Es war uns allen bewusst, dass wir einen Fehler gemacht hatten, und gemeinsam übernahmen wir auch die Verantwortung.

„In between 2"

Ein hellgrauer Herbsttag in einer Zeit, die sehr an das Gedicht von Rainer Maria Rilke erinnert:

Herr: es ist Zeit. Der Sommer war sehr groß.
Leg deinen Schatten auf die Sonnenuhren,
und auf den Fluren laß die Winde los.
Befiehl den letzten Früchten voll zu sein;
gieb ihnen noch zwei südlichere Tage,
dränge sie zur Vollendung hin und jage
die letzte Süße in den schweren Wein.
Wer jetzt kein Haus hat, baut sich keines mehr.
Wer jetzt allein ist, wird es lange bleiben,
wird wachen, lesen, lange Briefe schreiben
und wird in den Alleen hin und her
unruhig wandern, wenn die Blätter treiben.
Rainer Maria Rilke (Paris 1902)[1]

Eine Pandemie, wie wir sie seit 2020 erleben, lässt einen notgedrungen zur Ruhe kommen, lässt die Gedanken durch die eigenen vier Wände schweifen und lässt Neues im Kopf entstehen oder über die „gute alte Zeit" nachdenken; trauern. Vieles ist anders möglich, einiges nicht. Viele Veränderungen sind nötig, andere??

Was macht so eine Zeit mit den Menschen? Was mit mir?

---

1 Herbsttag ist ein symbolistisches Gedicht von Rainer Maria Rilke, das er im Jahre 1902 schrieb. Es findet sich in seinem Gedichtband Das Buch der Bilder. Jutta Heinz: Das Buch der Bilder. (1. Fassung, 1902) in: Rilke-Handbuch, Leben – Werk – Wirkung. Hrsg.: Manfred Engel unter Mitarbeit von Dorothea Lauterbach, Metzler, Stuttgart 2013.

Vor einigen Jahren hatte ich mit einer befreundeten Doktorin der Betriebswirtschaft eine längere Diskussion, die hier und da recht strittig war. Ich fragte sie damals, was eigentlich aus ihrer Sicht passieren würde, wenn die Welt ein Jahr lang mal die Füße still hält. Also, wenn ein Jahr lang keine weiteren, neuen Dinge produziert werden würden, sondern lediglich das, was zum weiteren Leben notwendig war, hergestellt werden würde. Also keine weitere Früh-herbst-Kollektion. Kein fünftes neues Modell des Autos, was eh produziert wurde etc. Was wäre dann? Nach längerer Stille der Über-legung sagte sie: „Gut wäre das."

Aber mal im Ernst. Um uns Konsumenten bei Laune und an der Kasse zu halten, werden Konsum-Anlässe erfunden, Lösungen für Probleme produziert, die es ohne diese gar nicht gäbe. Dabei sind dann die Produkte von solch schlechter Qualität, dass sie einen nur begrenzten Zeitraum durchhalten. Und zur Not gibt es einen neuen Trend. Das alles sage ich als Werbekreativer, der rund dreißig Jahre in der Welt der Werbung unterwegs war und ist. Na ja „ist" ist vielleicht nicht ganz richtig, denn als „Different Person", so nenne ich ganz gern Menschen mit Einschränkungen, hat man es nicht so leicht in der Werbewelt. Denn dort, wo die frischen, dynamischen Menschen frische, dynamische Werbekommunikation betreiben, hat ein roman-tischer Kreativer, ein gefühlvoller Geschichtenerzähler mit Hang zum Generalismus nicht viele Chancen. Auch hier sage ich: Es gilt, das ganze Bild wahrzunehmen und nicht nur den Ausschnitt.

Werbe-Block:
Story für eine Matratze:
Eine junge Frau, attraktiv, gut angezogen, geht erledigt vom Tag an ihrem Rollator nach Hause. Man sieht ihr an, dass sie es kaum erwarten kann, endlich Feierabend zu machen. Sie lässt sich mit Klamotten auf ihr Bett fallen, sobald sie dieses erreicht hat. Und sie schläft selig ein. Claim und Off-Stimme sagt: „Dass Sie sich einfach richtig entspannen können, ist unsere Vision!"

Übliche Alternative für diesen Spot:
Unendlich-weißer Raum, ein Bett von oben gezeigt. 3-D Zahlen fallen von oben auf das Bett. Off-Sprecher: „Jetzt und nur für kurze Zeit: Die meistverkaufte Matratze für nur 98 Euro."

Ist nun die eine oder die andere Version die bessere?
Beide sind gut, würde ich sagen, es hängt nur davon ab, was man will, und damit meine ich nicht den Abverkauf.
Das tun beide Konzepte.

Noch eine ganz andere Idee:

„SLEEP WELL." So könnte der Markenname für eine Matratze lauten. Und jede kleine Geschichte, die man sich vorstellen kann in kurzen Spots, endet mit dem Markennamen. Also beispielsweise so: Wir sehen unter der nächtlichen Straßenbeleuchtung ein Einfamilienhaus. Mehrere Fenster sind erleuchtet und werden nach und nach ausgeschaltet. Stimmen hinter den Fenstern rufen wie damals in der US-TV-Serie „Die Waltons": „Gute Nacht John-Boy!" „Sleep well!", sagt eine zweite Stimme. Schnitt. Markenname, Logo und Matratze sind vor farbigem Hintergrund zu sehen. Eine Stimme erzählt von den Vorteilen des Produktes, dann geht das Licht aus und die Stimme sagt: „Sleep well!"

Diese Mechanik lässt sich beliebig ausbauen und erweitern. Ist vom Herstellungsaufwand nicht so übertrieben und lässt sich beliebig mit unterschiedlichen Sujets erweitern.

Herbst

Frage WARUM?
Frage bloß nicht warum.

In einem Regionalexpress herrscht manchmal mehr Lebendigkeit als mir persönlich lieb ist. Insbesondere in den Waggons, wo viele Menschen zusammen sitzen/stehen. Unterhaltungen, Meinungen, weinende Kinder, Teenys, die sich selbst beeindrucken müssen und damit andere, Ältere mit fragwürdigen Kommentaren und Meinungen etc. Ein solch älteres Paar saß mir gegenüber. Der männliche Part war in traurigen Gedanken, und der weibliche fragte beschwichtigend, warum: „Warum musste sie so jung schon gehen?" Ein kleiner Junge beobachtete den älteren Mann, der still zu weinen begann. Der kleine Junge fragte in den Waggon: „Warum weint der Opi?" Dieser drehte sich zum Fenster, in dem die Landschaft vorbeizog wie sein Leben in Gedanken. Die ältere Frau wollte, aus welchem Grund auch immer, die Frage des Jungen nicht allein in dem Waggon schweben lassen und sagte: „Sein Sohn ist gestern gestorben." „Warum?" fragte der Kleine. Spätestens jetzt wusste die ältere Frau, dass es ein Fehler, war dem Jungen zu antworten, und die Mutter des Jungen sagte: „Sowas darfst du so jemanden nicht fragen." „Warum nicht?", entgegnete der Junge. Der machte es mit seiner Frage schlimmer, während der ältere Herr noch intensiver weinte. Die junge Mutter wusste sich nicht zu helfen und sagte: „Darum!" Was wiederum mich auf den Plan rief, denn ich konnte und kann es nicht leiden, DARUM-Antworten zu bekommen. Ich sagte zu dem Jungen, dass ich nicht wusste, warum der Mann weinte, aber der Junge würde ja auch mal weinen und würde auch nicht immer eine Antwort auf so eine Frage geben. Der Junge überlegte, schien einzusehen, dass ihn die Antwort auf seine Frage wohl nichts anging, und so fragte er mich: „Warum kannst du nicht laufen?" „Super Frage. Aufgewecktes Kerlchen. Weil ich Multiple Sklerose habe." Der Junge schaute etwas traurig nach unten und hörte auf zu fragen. Jetzt hatte nicht nur ich Fragezeichen im Kopf sondern das ganze Zugabteil. Betretenes Schweigen. „Siehst du, dir geht es ähnlich wie dem älteren Herrn da."

Es war so, als hätte Ilja Richter den Waggon betreten und hätte sein legendäres: „Licht aus! Spot an!" gesagt. Wie dem auch sei. Der Junge hatte sich selbst seine Fragen beantwortet und sagte: „Mein Papa hat auch MS. Das ist echt scheiße. Aber es geht weiter, nur anders!"

Super. Jetzt war ich so weit, ein paar Tränen zu vergießen. Hatte doch der Junge gerade das Motto genannt, welches ich für die DMSG vor Jahren in einem TV-Spot nutzte.

Warum ein geliebter Mensch, ein Tier oder, oder, oder geht, lässt sich immer schwer beantworten. Rein sachlich gesehen vielleicht; hängt von der Situation, den Umständen ab. Warum eine junge Frau mit ihrem Kind auf einer Autobahn von irgend so einem Idiot mit seinem viel zu schnellen unkontrollierten Auto erfasst und zu Tode gefahren wird und warum gerade sie, ist nicht wirklich erklär- oder nachvollziehbar zu begründen.

Warum der eine MS bekommt und der Bruder nicht; ist auch nicht erklärbar; und warum überhaupt jemand diese höchst überflüssige Erkrankung bekommen muss und warum es sie überhaupt gibt.

Fragen, auf die es keine Antworten gibt, laden zur Spekulation ein. Ruck zuck sind die Verschwörungstheoretiker und der Glaube zur Stelle, die mit kreativen Antworten die Fragenden in eine Richtung drängen. Diese Theorien, je plausibler sie erscheinen, sind von einem großen kreativen Potenzial. Es ist wie bei Verbrechen. Der ungewöhnlichste Plan, der, mit dem man nicht gerechnet hat, die scheinbar absurdeste Idee ist meist die, die zum Ziel führt. Ob man Ocean 11, Al Capone oder den Goldraub nimmt, wer kommt schon auf die Idee, eine überdimensionale Goldmünze zu stehlen, die man kaum ohne technische Hilfsmittel transportieren kann?

Kleine Anekdote:

Ich war so 15, 16 Jahre alt und mit meinem besten Freund, einem, wie ich meinte, sehr intelligenten Kopf, wieder einmal in der B-Ebene des S- und U-Bahnhofs nach der Schule rumgehangen. Wir machten uns einen Spaß, einen „Zeugen Jehovas" anzusprechen, der dort stoisch mit seinem Wachturm – diese kleine Broschüre mit deren „Glaubensbekenntnis" – stand. Wir erklärten ihm, dass es ja so sei, dass dieser Jesus ein Raumfahrer war und er mit seinen hoch entwickelten Technologien ohne Probleme übers Wasser gehen und Blinde und Kranke heilen konnte. Und dass es ja so war, dass der Stern, dem die drei aus dem Morgenland gefolgt waren, der Antriebsschweif des Raumschiffes gewesen sei, mit dem er zur Erde gekommen war usw.

Ich habe keine Ahnung, ob der gute Mann mit seinem Wachturm vom Glauben abfiel oder ob er einfach nur keine Worte mehr fand. Auf alle Fälle sagte er nichts mehr und wir gingen lachend und etwas stolz nach Hause.

Auf der anderen Seite ist die Warum-Frage für Kinder essenziell. Immer wenn es etwas zu verstehen, zu lernen oder zu begreifen gilt, ist die Frage nach dem Warum legitim, ja sogar wichtig. Blöd nur, wenn der Gefragte keine Antwort weiß oder kennt. Ich bin der Meinung, dass Erwachsene eine Pflicht gegenüber den fragenden Kindern haben, eine ehrliche Antwort zu geben und sei es: „Oh, Paul, das weiß ich gar nicht, aber ich werde mich informieren und es dir dann sagen."

Stattdessen heißt es meist von den genervten Eltern: „Frag nicht so blöd", oder „Darum!"

Natürlich nerven manchmal diese Fragen und natürlich machen sich Kids auch einen Spaß daraus, diese Warum-Fragen zu stellen; trotzdem sollten diese Fragen beantwortet werden. Und wenn es wieder mal wirklich nervt, können die Eltern ja den Spieß umdrehen. „Warum willst du das denn jetzt wissen?"

Einfach mal ausprobieren. Es funktioniert; und bloß nicht aufhören, WARUM zu fragen. Übrigens, wenn ich mich schon in die Erziehung einmische … Wenn Kinder aus Trotz oder weil sie ihren Willen nicht bekommen, laut und theatralisch anfangen zu heulen, einfach mal in gleicher Art mitteilen. Es funktioniert und es dauert nicht lange, bis die Kleinen aufhören.

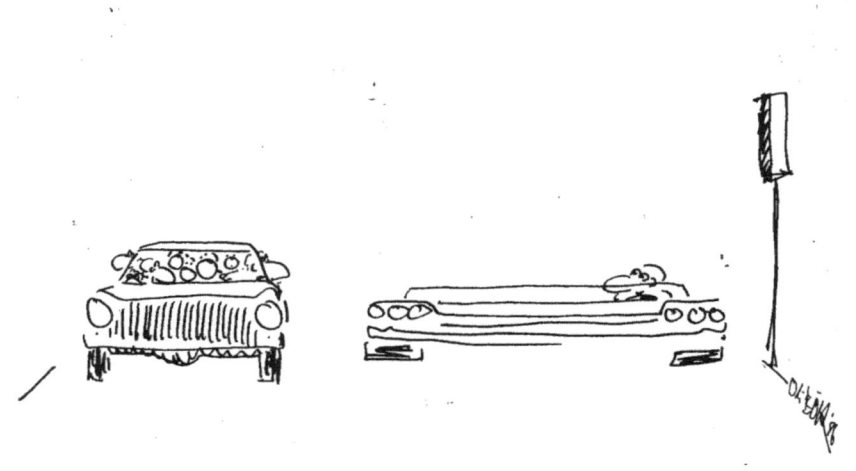

Frei-Raum

„In between 3"

Da der ICE ziemlich voll und die allgemeine Stimmung im Zug
sehr explosiv war, beschloss ich, zum Speisewagen zu laufen, denn
mit dem Rollstuhl passte ich eh nicht durch die Gänge des Speise-
wagens; außerdem würde der nicht vorhandene Platz, um den
Rollstuhl abstellen zu können, dazu führen, in Diskussionen ver-
wickelt zu werden, die ich echt nicht brauchte. Irgendwie ging es ja
auch so. Der Zug fuhr langsam in den nächsten Bahnhof ein und
das kalte Sonnenlicht des Tages wurde durch die Decke des Bahn-
hofes verdeckt. Aus Erfahrung wusste ich von der ruckelnden Phase
der Bahnfahrt und hatte extra abgewartet, bis ich zu Fuß mit Stock
und Festhalten den Weg in den Speisewagen antrat. Zeitgleich mit
dem Halten des Zuges führte mich mein Weg an einer Ausstiegstür
vorbei, und da ich ebenfalls aus Erfahrung wusste, dass der Zug an
diesem Bahnhof sieben Minuten halten würde, nutzte ich die Gelegenheit, eine Zigarette zu rauchen.

Diese Art von Zigaretten dienen nicht der Entspannung oder der
Befriedigung. Es sind „Trotz-Zigaretten", wie ich sie nenne. Sie
dienen lediglich dazu, ein vermeintliches Zeichen zu setzen. Es geht
darum, verbliebene Chancen zu nutzen, eine Zigarette zu rauchen.
Und glaube mir, die gibt es für Rollstuhlfahrer noch weniger als für
Fußgänger.

Als der Zug hielt, hatte ich bereits eine Zigarette im Mund, kam
mir ein bisschen cool vor, ungefähr so wie mit 16. Ich hielt mich am
Geländer fest und hatte in der anderen Hand Feuerzeug und Stock.
Die zwei Stufen aus dem Zug schaffte ich, und so stand ich auf dem
Bahnsteig, gab mir genüsslich Feuer und ließ mich von einem Son-
nenstrahl in Szene setzen. Ja, es ging mir gut in diesem Augenblick,
und als eine Schaffnerin mich zu maßregeln anfing, zeigte ich ihr

meinen Stock; der übrigens Herr Schmidt heißt. Ich komme gleich darauf zurück. Die Schaffnerin ging an mir mit den Worten vorbei: „Das ist aber echt ne Ausnahme." Ich lächelte sie nur an. Nach der kurzen Raucherpause bewegte ich mich, so gut es damals noch ging, in den Speisewagen und richtete mich ein. Mantel aus, Schal weg und Stock verstauen.

Als ich meine MS-Karriere begann, war ich innerlich am Wanken gewesen, da ich noch keinen Plan hatte, wohin diese unfreiwillige Reise ging oder wie mein Ziel aussah. Dem entsprach auch mein Gang, obwohl das eine mit dem anderen nicht in medizinischem Zusammenhang stand, wie mir mein damaliger Neurologe sagte.

Wie dem auch sei, ich hatte keine Vision mehr für mich, mein Leben oder meine Arbeit. Das ging zu der Zeit auch so weit, dass ich auch keinen weiteren Weg, beziehungsweise keine weitere Daseins-berechtigung für mich sah, und da mein Gang damals stark an den eines Mannes erinnerte, der bereits am Morgen zu viel getrunken hatte, kam ich mit mir überein, dass ein schicker, klassischer Holz-stock helfen würde.

Also ließ ich mich in die Stadt zu einem entsprechenden Geschäft kutschieren. Ein Sanitätshaus scheute ich damals noch, und so ließ ich mich in einem traditionellen Herren-Ausstatter-Geschäft beraten. Es war ein warmer, grauer Herbsttag. Einer der Tage, an denen etwas Bedeutsames passieren musste, damit er ein besonderer Tag wurde.

Insgesamt dauerte der Kauf des Stockes maximal 20 Minuten. Es ging auch deshalb so schnell, weil ich kein Interesse an Diskussionen über den Stock hatte. Weder mit den sogenannten Fachverkäufern noch mit der Person, die mich dorthin kutschiert hatte. Da ich einen zweiten Satz Autoschlüssel hatte und die Fahrerin anderweitig in der Nähe unterwegs war, stieg ich mit meinem neuen Holzstock ins Auto ein, um zu warten. Ich hatte den Stock zwischen meine Beine gestellt und spielte damit. Dann, irgendwann, lehnte ich meine

Hände auf den Stock und darauf mein Kinn. Es dauerte nicht lange, bis ich mich ertappte: „Ich sitze da wie Helmut Schmidt", sagte ich laut vor mich hin, und seit diesem Moment heißt der Stock Herr Schmidt.

Ich saß also mit Herrn Schmidt im Speisewagen des ICE, der sich gerade wieder in Bewegung setzte und in dem ich mir bei dem vorbei huschenden Kellner einen Espresso bestellte.

„Ist der Platz noch frei?", fragte es hinter mir. Ich drehte mich um. Eine Frau um die dreißig hatte diese Frage gestellt, und ich lud sie mit einer Geste ein, Platz zu nehmen. Wir saßen uns eine Zeit schweigend gegenüber, bis der Spannungsbogen zu reißen schien. Die Frau sah auf Herrn Schmidt und dann mir ins Gesicht und fragte: „Sagen Sie, und Entschuldigung, wenn ich so direkt frage: Was ist mit Ihnen?" Dramatische, spannungsvolle Musik wie in einem B-Movie wäre hier passend gewesen, doch es war die reale Welt, und so antwortete ich ganz ohne theatralische Musik: „Ich habe MS."

„Ach das ist doch das mit Muskelschwund. Das kenn ich."

„Nein, das ist es nicht", sagte ich völlig wertfrei, was mich selbst überraschte, und ich erklärte es ihr.

„Herr Ober, ein großes Bier bitte." Lange und blass schaute die Frau, die mir gegenüber saß, mich an. Sie war interessant, erschien trotz ihres Alters wie eine Studentin. Eine Art von Studentin, wie ich sie aus Paris kannte. Mit ihren flüchtig hochgesteckten Haaren, Schmollblick und viel Interesse am Leben.

Ich war mit meinem oft gehaltenen MS-Vortrag fertig. Es war im Prinzip der gleiche, den ich Kindern erzählte, wenn sie mich fragten, warum ich so schlecht, wie besoffen oder gar nicht mehr, laufe.

Der Zug wurde wieder langsamer und die vorbeiziehende Herbst-
landschaft auch. An diesem Bahnhof musste ich aussteigen, und da
dieser Vorgang etwas mehr Vorbereitungszeit in Anspruch nahm,
wurde ich leicht nervös. Kellner rufen, zahlen, Mantel an, Stock in
die Hand und auf dem Weg zu meinem Rollstuhl noch einen Aus-
fall-Schritt in das WC. „Alles Gute für Sie und gute Erholung", sagte
die Frau am Tisch. Zu diesem Zeitpunkt hasste ich noch das Gefühl,
auf meine MS und meine Einschränkungen reduziert zu werden,
und ich erwiderte ihr, ohne sie anzusehen: „Danke, das Glück kann
ich brauchen, für den Film, den ich jetzt drehen werde." Es war
natürlich gelogen. Den Film drehte ich erst drei Tage später.

Die Krankheits- oder Behinderten-Armut.

Im Café eines Supermarktes unterhalten sich am Nebentisch zwei ältere Herren über ihr im Supermarkt „Erlegtes", also über ihren Einkauf; dass alles teurer wird, man sich bei dem Überfluss des Angebotes gar nicht mehr zurechtfindet, über ihre Frauen und den Ärger, den sich die Herren einhandeln, wenn sie nicht alles mitbrächten, was ihnen aufgetragen wurde. Mit einer stoischen Gelassenheit stimmt immer der eine dem anderen zu.

Dann fragt der Kleinere, fast kahle seinen großen Freund, der ein bisschen was von Gerd Fröbe hat: „Na, noch einen koffeinfreien Cappuccino mit glutenfreier oder mit Sojamilch?" Beide lachen, stehen auf und gehen an die Theke.

Die Sonne steht flach über dem Tag und strahlt golden, passend zum Interieur des Cafés in die Schaufenster. Mich erinnern die beiden alten Freunde an ein Erlebnis, das ich vor Jahren in Bukarest hatte. Dort saß ich mit einem Freund, der auch mein Stamm-Kameramann war, in dem Restaurant eines sehr guten Hotels, in dem wir für einen Werbespot-Dreh untergebracht waren. Ein paar Tische weiter saßen zwei ältere Herren. Der Producer unserer Filmproduktion kam unerwartet an den Tisch der beiden älteren Herren, während er meinen Kamerafreund und mich im Vorbeigehen grüßte. Während er sich mit den Herrschaften angeregt unterhielt, tranken wir unsere Biere und gingen raus auf die Terrasse, um eine zu rauchen. Nicht nur, dass die Terrasse einen weiten Blick über die Altstadt Bukarests präsentierte, die gerade angebrochene „Magic Hour" bot einen stilvollen Sonnenuntergang, durch den wir fasziniert schwiegen und den Moment inhalierten. „Hi guys!", unterbrach der sonst feinfühlige Producer die Szenerie. Er setzte sich zu uns und bestellte auf Rumänisch drei Bier bei dem Kellner, der ebenso aus dem Nichts aufpoppte. Der Producer erzählte uns von den beiden älteren Herren: Sie waren ebenso ein „Paar" wie wir. Kameramann und Regisseur. Die Herren kamen aus England, ebenfalls für einen Werbe-Dreh, und der Producer erzählte uns, dass der englische Regisseur die Angewohnheit hatte, seine Spots ohne Schnitt, in einer Einstellung zu drehen, was einen gewissen Mehraufwand für alle bedeutete.

Wir sagten alle „Cheers!", lauschten der blutroten Sonne, welche das Nachtleben Bukarests zum Beginn orderte, und der Producer verabschiedete sich mit der Angabe des Wake-up-Calls für den morgigen Tag. Wir gingen zurück ins Restaurant. Natürlich beobachteten wir unser englisches, älteres Pendant, das bereits bei ihrer Nachspeise und einem weiteren Rotwein war.

Wir aßen unsere exzellenten Steaks. Irgendwann sagte mein Kameramann das, was ich dachte: „Wenn wir deren Alter haben, ob wir dann immer noch zusammen in Bukarest Spots drehen?"

Ich hatte das Café und den Supermarkt verlassen und rollte Richtung Heimat. Mein Weg führte mich im fahlen Neonlicht des Supermarktausgangs am Flaschen-Rückgabe-Automaten vorbei, der von einer Frau in meinem Alter mit zwei Einkaufswagen belegt war. In dem Einkaufswagen befanden sich diese großen Ikea-Einkaufstaschen, die mit Leergut mehr als voll waren. Tapfer schob sie Flasche für Flasche in die Öffnung, ohne sich von ein paar Teens stören zu lassen, die hinter der Frau anstanden. Ungeduldig pöbelten die Teens und bedrängten sie. So vehement, dass ich nicht anders konnte: „Wenn ihr der Frau helfen würdet, ginge es schneller!", sagte ich. Das Mädel der Teeny-Gruppe erschrak. Sie ging zu der Frau und half ihr, während ihre männlichen Begleiter einfach nur lächerlich da standen. Dank der Hilfe des Mädels waren schnell alle Flaschen im Automaten, und dieser quittierte die Aktion mit einem Bon.

Noch nie, weder zuvor noch danach, sah ich je eine Person, die einem Gegenstand so viel Wert mit ihrem Blick beigemessen hat.

Schnell ging sie in Richtung Supermarkt-Eingang. Lange saß ich noch in meinem Rolli auf dem Parkplatz, der den Supermarkt mit dem Getränkemarkt des Supermarktes verband, sah ihr nach und dachte über sie nach. Ich weiß nicht, ob es stimmt, aber das Auftreten der Frau, ihr Outfit und ihre Stimme ließen darauf schließen, dass sie das Flaschensammeln als Einkommensquelle sah, weil vielleicht ihre Rente nicht reichte. Den bitteren Beigeschmack behielt ich noch einige Meter, als ich den Parkplatz schon Richtung Feierabend verlassen hatte. Als Schlagzeile schrie es von der Zeitungs-Titelseite, die auf den ersten Stufen des Hauseinganges lag: „ALTERSARMUT! Schlimm!" Der Fahrstuhl brachte mich, den Rolli und meinen Einkauf in den ersten Stock.

Nicht, dass es eine lange Fahrstuhlfahrt in den ersten Stock war, doch mir schoss der Gedanke durch den Kopf: Und was ist mit Krankheitsarmut? Dazu vielleicht ein paar Worte, was ich unter Krankheitsarmut verstehe:

Menschen, die aufgrund einer Erkrankung ihrem Beruf, ihrem bisherigen Leben oder ihrem Alltag nicht mehr in gewohnter Weise nachgehen können, Hilfe von außen brauchen, sie erbitten, sie in irgendeiner Form suchen und finden müssen, geraten nicht selten in finanzielle Not. Fehlendes Einkommen, außergewöhnliche Mehrausgaben und ein soziales System, das zwar vieles regelt, aber leider, meiner Meinung nach, zu viele vergisst. Meist sind diese Menschen noch gar nicht im Rentenalter und haben ihr Leben noch nicht geregelt für den Fall, dass sie nicht mehr können oder nicht mehr gewollt werden. Hinzu kommen Regeln, die, wenn man sie an der eigenen Person erleben muss, widersinnig erscheinen. Wenn ich diese Zeilen schreibe und wieder darüber nachdenke, steigt mein Adrenalin-Spiegel.

Ein Beispiel: ist ein Patient mit Rheuma geplagt, erhält er eine finanzielle Entschädigung für eine medizinische Hand- und Fußpflege. Jemand, der aufgrund von Multipler Sklerose im Rollstuhl sitzt, weil er seine Glieder nicht mehr oder nicht mehr richtig bewegen kann, erhält diese Hilfe nicht. Die betroffene Person muss sich selbst um Hilfe bemühen und diese finanzieren.

Nicht wenige rutschen schnell in die Grundsicherung ab, und wenn sie noch keinen Pflegegrad haben, müssen sie ihr Leben mit etwas mehr als 400 Euro bestreiten. Einige von ihnen werden mühsam zu Hilfe-Experten, entweder durch das Netz oder durch Leidensgenossen oder freundschaftlich gesonnene Experten. Selten durch die staatlichen Stellen, die eigentlich dafür zuständig wären.

Ein ehemaliger Banker und ich saßen im Café einer Klinik bei einem der vielen Espressi zusammen, sprachen über dies und das, den Klinikalltag, die Öffnungszeiten des Cafés und über politische Ansätze. Er war und ist, vielleicht weil er Banker war, im Gegensatz zu mir konservativ. Da wir uns freundschaftlich begegnen, ist dieser Meinungsunterschied eher anregend als destruktiv. Der Banker hat eine ganz besondere Art, sich im Café fortzubewegen. Im Rollstuhl sitzend nutzt er seine Füße zur Fortbewegung, indem er sich Stück für Stück weiterschiebt. Mich erinnert es immer an einen Skorpion. Das Angebot in dem Klinik-Café ist eher übersichtlich. Tasse Kaffee, Tee, Cappuccino, Espresso, Wasser oder Eis. Der Banker lud mich zu einem weiteren Espresso ein und bewegte sich wie üblich an den Tresen. Mit zwei Tassen kam er zurück und fragte mich, ob ich denn das Landes-Pflegegeld kennen würde. „Das gibt es ab Pflegegrad 2 in einigen Bundesländern. Solltest du beantragen. Ich schick dir einen Link." „Seit wann gibt es das? Hab ich noch nie gehört."

„Die wenigsten wissen das. Wahrscheinlich gewollt, denn es ist nahezu bedingungslos. Du musst lediglich den Pflegegrad nachweisen und deine Kontonummer angeben. Tausend Euro einmal im Jahr." Ich bedankte mich für die Info und sagte, dass ich eine rauchen wolle. Der Banker begann, sich zu bewegen, so als wollte er mir damit sagen, dass er mitkommen würde.

Heroisch positionierten wir uns auf dem Parkplatz. Ich zündete mir eine an und musste an Bukarest denken. „Eben noch auf der Dachterrasse eines Luxushotels und jetzt auf dem Parkplatz einer Klinik. So vielseitig kann das Leben sein."

Natürlich gab es dieses Landes-Pflegegeld in dem Bundesland, in dem ich gemeldet war, nicht. Mittlerweile hat sich das geändert; aber auch nur, weil ich zufällig in ein Bundesland gezogen bin, in dem diese Unterstützung angeboten wird. Sogar ganz unbürokratisch und ohne Auflagen oder Einschränkungen.

Der Satz der Sozialhilfe oder Grundsicherung ist in Deutschland seit 2005 nicht gestiegen oder der Inflation angeglichen worden und stieg 2021 um 14 Euro.

Um andere Gedanken in den Kopf zu bekommen, höre ich einem YouTube-Beitrag zu. Eine Diskussion mit Richard David Precht, dem wohl erfolgreichsten deutschen Philosophen. Es geht um die Überlegung des bedingungslosen Grundeinkommens, da die zunehmende Digitalisierung und Computerisierung zu einer neuen, nie dagewesenen Arbeitslosigkeit führt. Überzeugend und stichhaltig argumentiert Precht, und ich frage mich, wie die offiziellen Institutionen den Menschen die Fähigkeit absprechen, plausibel darzulegen, dass sie diese Hilfen brauchen, sodass ein chronisch Kranker ohne eigene Mittel dasteht. Diese wurden mit dem Erstantrag schon geprüft und für richtig erklärt. Wenn nun dieser Mensch Hilfen zur sogenannten Integration und zur sozialen Teilhabe benötigt, um beispielsweise die Möglichkeit zu bekommen, mit seinem Rollstuhl durch ein entsprechendes Taxi dort hingebracht zu werden, muss sich dieser Mensch wieder „nackig" machen, also die gleichen Fragen wie beim Grundsicherungsantrag beantworten.

Und hier geb ich mal meine eigene Meinung dazu ab:
Die Menschen, die durch Krankheit und Behinderung in eine finanzielle Notlage gekommen sind, durch diese Anträge jedes Mal wieder unter Generalverdacht zu stellen, ist meiner Meinung nach nicht mit dem ersten Artikel des Grundgesetzes vereinbar.

Wie kann es denn sein, dass eine chronisch kranke Frau, die von einer knappen Erwerbsminderungsrente lebt, sich nicht traut, Anträge zu stellen, um die Unterstützung zu bekommen, die ihr zusteht?

Ich kenne aus dem Stegreif gleich mindestens fünf. Hier und da konnte ich helfen, durch den Antragsdschungel durch zu steigen; und sei es nur mit positiven Worten.

Mehr noch. Der Antrag auf Grundsicherung ist jedes Jahr erneut zu stellen, auch wenn sich gar nichts geändert hat; dieses müsste ohnehin gleich gemeldet werden, wenn dem so wäre.

Ich bin kein Verwaltungsexperte und kein Controller, der sicherlich schnell errechnen würde, dass die Prüfung und Verwaltung mehr kostet, als sie bringt.

Das Ganze lässt schnell den Schluss zu, dass dieser Verwaltungsaufwand vor allem als Abschreckung installiert worden ist.

Ähnlich verhält es sich mit dem Angebot an Hilfen.

Niemand wird, wenn er krank wird, automatisch zum Experten, was Hilfsangebote angeht. Und wenn jemand nicht gut genug sozial vernetzt oder in der Lage ist, sich selbst zu informieren …

Jeder chronisch Kranke, der noch nicht im Rentenalter ist oder der Freiberufler war, oder, oder, oder, darf nur einen überschaubaren Betrag an Guthaben besitzen, darf nur sehr begrenzt durch eine

Tätigkeit Geld verdienen und kommt erst in den Genuss von Rentenerhöhungen, wenn auch der Regelsatz der Sozialhilfe erhöht wird. Somit wird es ihm quasi unmöglich gemacht, sich ein finanzielles, geringes Polster zuzulegen.

Nun ist es doch aber des Menschen ureigenstes Interesse, etwas zu schaffen, sich mit etwas zu beschäftigen, das ihn erfüllt und ihn jeden Morgen aufstehen lässt. Das System stellt ihn aber auf Entweder-Oder. Entweder der Mensch nimmt mit seinen Einschränkungen die ihm auferlegten Regeln hin und tut gar nichts, wird entsprechend unterhalten und versorgt, wenn er sich denn darum kümmert, das zu bekommen, was er braucht, ODER der Mensch lernt, wie das System funktioniert und wie und wo am meisten rauszuholen ist.

So wird Missbrauch und Korruption Tür und Tor geöffnet.

Wie wäre es denn, wenn die Idee vom bedingungslosen Grundeinkommen zumindest bei den chronisch Kranken schon Anwendung fände? Wie, wodurch etc. auch immer. Ich glaube ja, dass wir ohnehin um so etwas nicht drum herum kommen werden. Egal wie. Ob nach Modellen von Richard David Precht oder einer Linken, oder einer Sozialen … Die Industrie, das Klima, die Missverteilung etc. machen es ja vor. Wäre doch eine Idee, bei denen den Anfang zu machen, die es brauchen, um daraus zu lernen, oder? Sicher wäre eine möglichst breitgefächerte Testgruppe noch besser.

Bezüglich des Grundeinkommens beispielsweise, gibt es bereits Studien und Testkonzepte, die soweit ich weiß überwiegend positive Ergebnisse bringen. Und bestimmt gibt es auch schon Ideen und Konzepte, die in ihrer Ganzheitlichkeit echt cool sind.

Und auch hier: Eine gute, positive Kommunikation, die offen und ehrlich den Bürgerinnen und Bürgern vorgestellt wird, anders als bei der Corona-Impfkampagne beispielsweise, könnte ein „Motor" für die nächste Dekade sein.

Richtungs-Entscheidend

„If I ever lose my eyes,
if my colours all run dry"

Immer wenn ich einen „Hänger" habe, nicht weiter weiß, beruflich oder im privaten Bereich keinen rechten Plan habe, hilft mir Musik.

Nicht so sehr, um die Stimmung in eine andere Richtung zu lenken, vielmehr, um mich zu inspirieren oder inspirieren zu lassen. Dazu lege ich eine Musik auf oder bemühe mein iPhone, wenn ich gerade unterwegs bin.

Besonders gern genommen ist Cat Stevens. So auch auf meinem Weg zu einem Kundentermin, bei dem ich als „Einzelkämpfer" eine ganze Werbeagentur darstellen sollte.

An diesem Tag, der gar nicht richtig Tag werden wollte, rollte ich mit meinem Rollstuhl aus dem libanesisch geführten Hotel, in dem ich untergebracht war, in die Straßenschluchten Frankfurts, und da es trotz fehlender Sonne recht mild war, entschloss ich mich, noch an einem Coffee-Shop zu halten. Er war schräg gegenüber des Hotel-eingangs, und da ich gut Zeit eingeplant hatte, rollte ich gemächlich und ordnungsgemäß über die Kreuzung.

Meiner Meinung nach hat es in Deutschland keine Stadt so gut geschafft wie Frankfurt, die multikulturelle Gesellschaft und die sozialen Welten so gelassen koexistieren zu lassen. Mich erinnert es immer wieder an Paris, Bukarest oder New York. Ich bestellte mir einen einfachen Cappuccino, auch wenn mir noch mindestens sieben weitere Geschmacksrichtungen und verschiedene Größen angeboten wurden. Lounge-Musik bildete den Sound-Track für diesen Tag und half dabei, alles gelassen zu sehen. Nachdem ich die Bestellprozedur hinter mich gebracht hatte, rollte ich an einen der Tische, die draußen vor dem Coffee-Shop standen und sog einen Augenblick die Atmosphäre ein. Dann den ersten Zug an einer Zigarette.

Als Teenager hatte ich diese Gegend, ja die ganze Stadt, ganz anders erlebt. Vielleicht war das auch nur in meiner Erinnerung so; oder die Stadt war auch eine ganz andere zu der Zeit. Ja, es muss wohl so sein, damals war die Stadt und besonders das Bahnhofsviertel ganz anders; wie ich auch.

Eine ältere Frau, offensichtlich keine Bankerin, stand plötzlich hinter mir und fragte nach einer Zigarette; wahlweise würde sie auch ein bisschen Euro nehmen. Im gegenüber liegenden, silbernen Hochhaus einer Bank spiegelte sich die farbreduzierte Sonne und ich musste über die ironische Situation schmunzeln. Ich war in der glücklichen Lage, dass ich über beides verfügte; Zigaretten und Euros. Das war nicht immer so. Ich entschied mich, der Frau meine Zigaretten- schachtel zu geben. Die Frau bedankte sich und ging ihrer Wege. Ich sah ihr nach und dachte: „Lange wird sie mit ihrem Rollator nicht mehr laufen können, so schief wird sie durch Fehlhaltungen." Ich verwarf den Gedanken wieder, um auch nicht als „Besserwisser" dazusitzen.

Mein Cappuccino war leer und meine Zigarette auch. Ich beschloss, den Weg zu meinem Kunden anzutreten. Er war ja noch nicht mein Kunde, aber das Unternehmen sollte mein Kunde werden.

Ich rollte also in Richtung Agentur. Zigarette in der Hand und Cat Stevens im Ohr. Das allseits bekannte Lied „Moon-Shadow"[2] begann, während ich über den Main rollte.

---

2   „Moonshadow" is a song written and performed by Cat Stevens (known since
     1978 as Yusuf Islam), first released as a single in the UK in 1970 on the Island
     label and in the US in 1971 on the A&M label. It also appears on Stevens'
     1971 album Teaser and the Firecat.

„Yes, I'm bein' followed by a moonshadow, moon shadow, moon-
shadow
Leapin' and hoppin' on a moonshadow, moonshadow, moon-
shadow
And if I ever lose my hands, lose my plough, lose my land
Oh if I ever lose my hands, Oh if I won't have to work no
more
And if I ever lose my eyes, if my colours all run dry
Yes if I ever lose my eyes, Oh if I won't have to cry no more
Yes, I'm bein' followed by a moonshadow, moon shadow, moon-
shadow
Leapin' and hoppin' on a moonshadow, moonshadow, moon-
shadow
And if I ever lose my legs, I won't moan, and I won't beg
Oh if I ever lose my legs, Oh if I won't have to walk no more
And if I ever lose my mouth, all my teeth, north and south
Yes if I ever lose my mouth, Oh if … "

Ja! Dachte ich. Wenn ich nicht mehr meine Augen hätte, müsste ich auch nicht mehr weinen. Wenn ich meine Beine nicht mehr hätte, müsste ich nicht mehr laufen. Stimmt. Ich sitze im Rollstuhl. Es war jedoch eine ganz andere Aussage. Sie erschien mir ungleich positiver; auch wenn eine gute Prise Sarkasmus dabei war. In jedem Fall zahlte es auf mein Selbstbewusstseinskonto ein. Dieses stand seit Anfang meiner MS-Karriere unter der Headline: „Was soll mir denn noch passieren? Lebenslänglich hab ich ja schon."

Nun hatte ich meine Augen noch und sah, wie sich meine Geburtsstadt verändert hatte. Da, wo zu meiner Teeny-Zeit eine große Brachfläche war und jedes Wochenende der Flohmarkt stattgefunden hatte, stand jetzt der Main-Tower und ein Ensemble niedriger Häuser, in denen Büros untergebracht waren. Eigentlich war aus diesem Eck ein schönes geworden, dachte ich, während ich auf den Platz rollte. Eigentlich. Eigentlich deshalb, weil auch dieser Ort einer geworden war, der keine Seele, kein Leben, keine Authentizität besaß. Wie immer mehr Ecken in Frankfurt übrigens, wie ich meine.

Ich hatte noch Zeit bis zu meinem Termin, also rauchte ich noch eine. Die Sonne schien bitterkalt von da oben, wie es in vielen Herzen hier unten ausgesehen haben muss.

Der Empfang des Gebäudes, in das ich fuhr, bestätigte durch seine Atmosphäre das, was ich zuvor gedacht hatte. 21 Etagen. Ich erinnerte mich an den Elevator-Pitch. Ein Begriff aus der Welt der Werbung beschreibt, dass man nur einen kurzen Moment hat, um seine Gegenüber zu überzeugen. So viel wie die Zeit einer Fahrstuhlfahrt. In dieser Fahrt gilt es, den Leuten zu beschreiben, wer man ist, was man kann und was das Wichtigste ist: diese Leute in dieser kurzen Zeit für sich, seine Idee oder sein Vorhaben zu überzeugen. Ich stellte mir vor, dass meine sogenannten Kunden jetzt in den Lift steigen und ich sie jetzt überzeugen muss. Da ich noch keinen Plan hatte und auch nicht wusste, was sie von mir wollten, konnte ich nur durch mich überzeugen. Mir fiel ein, dass diese Agentur mich so noch gar nicht kannte. Im Rollstuhl.

Im siebten Stock stieg ein Mann in einem billigen, blauen Anzug hinzu. „Bestimmt Vertreter", dachte ich. Einige Stockwerke fuhren wir gemeinsam. Wir musterten uns gegenseitig, wie es in Fahrstühlen so üblich ist. Sieben Stockwerke später stieg er wieder aus. Ein Bild schoss mir durch den Kopf. Das Bild eines Mitschülers, der eher zu den Mitläufern gehörte und um den sich keiner wirklich kümmerte. Später hatte ich durch meinen besten Freund und Schulkamerad erfahren, dass der Junge erfolgreich zum Banker geworden war. Ob das Samuel war, dachte ich? Der nächste Halt des Lifts wurde durch eine überaus künstliche Frauenstimme angekündigt: „Einundzwanzigste Etage, twentyfirst floor."

Ich fuhr aus dem Fahrstuhl in einen breiten und endlosen Gang. Er erinnerte mich an ein Amt. Es lag wohl daran, dass dieser Flur wohl

mit denselben übertrieben nach Zitronen duftenden Reinigungs-
mitteln behandelt wurde. „Wie kann man hier kreativ sein?", fragte
ich mich. Ich erreichte die Eingangstür. Sie war aus Glas und gab
den Blick auf einen steril wirkenden Empfang mit Tresen frei, der
eher an den einer Zahnarztpraxis erinnerte als an den einer Agentur.
Dahinter das große Agentur-Logo, das genauso beliebig gestaltet war
wie das ganze Entrée. Man musste klingeln, um weiterzukommen.
Also: Ich klingelte und dachte: „Na super." Sonst nichts. Es passierte
auch sonst nichts. Ich drückte abermals auf die unscheinbare Klingel
neben der Glastür. Nichts; obwohl ich das Klingeln aus dem Inneren
gehört hatte. Drei, vier Minuten später kam in gehetztem Gang eine
blonde Frau im Business-Kostüm zur Tür und öffnete. „Entschuldigung. Sie wünschen?"

Ich sagte ihr, wer ich sei und dass ich wegen des Meetings da bin.
Erst jetzt erkannte sie mich. Ich wurde in einen Konferenzraum
geführt und erhielt die Anweisung zu warten. Kaffee, Wasser und
Kekse seien ja da.

Es ist wirklich eine Unart, dachte ich, während ich in diesem nüch-
ternen hellen Zimmer wartete. Ich verstehe ja, dass in einem Konfi,
so wurden zu meiner Zeit solche Zimmer genannt, keine Ablenkung
oder Reizüberflutung provoziert werden soll. In solchen Zimmern
werden Brainstormings, strategische Entscheidungen oder Einstel-
lungsgespräche geführt. Aber warum, in drei Teufels Namen, müssen diese Zimmer so aussehen? Warum kann man sich zu solchen
Gesprächen nicht an Orten zusammenfinden, die per se inspirierend
sind? An denen man gern ist? Mir fällt spontan eine Lobby eines
coolen Hotels ein. Eine ganze Reihe solcher Meetings hatte ich in
solchen Lobbys, die mir, und sicherlich einigen anderen positiv im
Gedächtnis bleiben. Blöd, dass aber auch die Meetings im Gedächtnis bleiben, die alles andere als okay waren und eben in solchen
Konfis stattfanden wie dem, in dem ich gerade saß.

Von einem solchen Meeting möchte ich kurz erzählen:

Eine sehr kreative, junge Agentur in Bukarest lud mich ein und beauftragte mich mit der Regie eines TV-Spots für ein nationales Mineralwasser. Eine Woche vor dem so genannten PPM, dem Pre-Production-Meeting, traf ich in Bukarest ein. Zwei junge Kerle, gute Freunde, holten mich am Flughafen ab. Gutgelaunt fuhren wir in die Stadt. Etwa zwanzig Minuten dauerte die Autofahrt. Ähnlich wie in Kapstadt und bestimmt zwanzig weiteren Orten führte die gerade fertiggestellte Stadtautobahn vorbei an barackenähnlichen Häusern, die wie zufällig in die Gegend gestreut waren, durch die flache Landschaft, die nicht wirklich von paradiesischer Vegetation zehren konnte. Wir überholten den ein oder anderen Pferdewagen und immer wieder kreuzten Hunde die Autobahn; manchmal so knapp, dass der Fahrer stark bremsen musste, um den Hund am Leben zu lassen. Der Fahrer schimpfte dann wie ein Müllkutscher und entschuldigte sich für seine Fahrweise. Nach dem Einchecken in den „Fish Tank" – so wurde das dunkelgraue Hochhaus-Hotel gern von Einheimischen genannt –, setzten sich alle Beteiligten des bevorstehenden Drehs in die Hotel-Lobby zusammen und ein erstes Kennenlern- und Kick-Off-Meeting fand statt. Alle hatten gute Laune und noch bessere Ideen. Wir tranken Bier, Wasser oder Tee.

Eine Woche mit viel Arbeit, Problemen und Lösungen folgte bis zum Tag des PPM (Pre production meeting) und der Vorstellung beim Kunden. Das PPM war auf 16:00 Uhr angesetzt und alle stöhnten. Ich, weil ich so spät am Nachmittag nicht mehr so schnell war – ich hatte damals wohl schon MS, wusste es aber noch nicht –, die anderen, weil sie wohl schon einige Meetings mit dem Kunden erlebt hatten und schon wussten, was sie erwartete. In einem kleinen Konvoi wurde zum Kunden in ein neues Bürogebäude am Stadtrand gefahren und wir warteten in der Eingangshalle auf Ansage. Ein kleiner, recht dicker Mann mit Schnauzbart, der mich sehr an das THX-Männchen erinnerte, kam schließlich zu uns und bat uns, ihm zu folgen. Er öffnete die holzvertäfelten Flügeltüren und orderte uns in den Raum. Es war ein großer Konferenzraum, in dem sicherlich eine ganze Regierung Gesetze hätte verabschieden können. Der kleine dicke Mann blieb am Eingang stehen. Gut, imposant war der Raum, aber genauso unpersönlich und steril wie der, in dem ich mich gerade befand. Ein paar Minuten später, wir hatten unsere Plätze eingenommen und die Präsentationspappen nochmals geordnet, klopfte der kleine, dicke Mann mit einem Stock auf den Boden. Drei Mal. Unser aller Augen richteten sich auf ihn. „Attention! Mr. President arrived and you all have to call him Mr. President." Ich kann es nicht anders beschreiben: was nun folgte, brannte sich bis zum heutigen Tage in mein Gehirn.

Schnellen Schrittes kam ein rumänischer Alfred Hitchcock in den Raum, gefolgt von einer älteren Frau mit blonden Haaren und teurem Outfit. Der Agentur-Chef, der später ein guter Freund wurde, flüsterte mir zu: „Misses President, she is dangerous. I'll guide you through the PPM." Der Agentur-Chef stellte die anwesende Filmproduktion und mich vor, beschrieb den Job, um den es ging und erklärte, was in diesem Meeting alles besprochen und entschieden werden solle, um zeitnah ein gutes Ergebnis zu erzielen. Innerlich tat ich das, was wohl viele in dem Raum gerade taten, nämlich stöhnen. Das Wort wurde an mich übergeben und so führte ich durch Film, Idee und die einzelnen Punkte der Umsetzung. Aufmerksam und interessiert hörte „Hitchcock" zu, stellte hier und da eine Frage, und alles schien glatt zu laufen. Bis ich zu dem Punkt Casting kam. Ich stellte die einzelnen Rollen und die Auswahl des Castings vor. Bei der Auswahl der Hauptdarstellerin schrie „Hitchcoock":„Stop!" Selbst die blöde Fliege, die jeden schon genervt hatte, hielt die Flügel und den Atem an. „Hitchcock" beugte sich leicht nach vorn auf den Tisch ganz nah zu mir und sagte: „He looks like a German boy. And you know what: I hate Germans!" In diesem Moment dachte ich, dass alles vorbei sei. Wusste er doch, dass ich ein „fucking German" war. Glücklicherweise betrat der kleine, dicke Mann wieder den Raum und ließ den Spannungsluftballon unfreiwillig platzen, sodass alle wieder atmen konnten. Der Mann war eigentlich nur gekommen, um zu verkünden, dass wir alle zwanzig Minuten Pause machen sollten, was alle gerne taten. „Hitchcock" und sein Gefolge gingen ebenso schnell, wie sie gekommen waren, und hinterließen mich mit Fragezeichen im Kopf.

Ich ging erstmal eine rauchen.

Ich setzte mich auf eine kleine Steinmauer, die als Auffahrtsbegrenzung zu dem Gebäude des Kunden, den ich ja nun kennenlernen hatte dürfen, markiert war an diesem sonnigen, aber recht kühlen Herbstnachmittag; oder war es schon Abend?

Nach und nach kamen einige Teilnehmer des Meetings ebenfalls heraus und ein paar gesellten sich zu mir. Der Agenturchef setzte sich mit breitem Grinsen neben mich und fing gleich an zu schwärmen, wie gut es bisher gelaufen sei. „What?!" Kam nur aus meinem Mund, dann rauchte ich weiter. Der Chef erklärte mir, dass der „Hitchcock" immer so sei, nur diesmal besonders positiv. Ich verstand die Welt nicht mehr. Umso weniger, als ich in die Gesichter der anderen Teilnehmer schaute, die mich umgaben.

Gut, das alles waren liebe, sympathische, junge Leute, und vor allem waren es keine Deutschen.

Die blonde Frau kam zu uns und sprach mich in beinahe korrektem Englisch an: „Mister President send you greeting and thank you for do his commercial in your way. He's sorry to join the PPM not longer, but for him all is clear. Just one thing. He ask me if I can go through the styling just with you. I ordered Pizza for the whole folks so they are off." Ich blickte erst die Frau an, die sich mir bis zum heutigen Tage nicht vorgestellt hat, und dann in die Runde. Ich sah ausnahmslos in glückliche Gesichter. Die Augen aller richteten sich auf mich. Die Verantwortung über den weiteren Verlauf des Abends lag in meinen Händen. Eine Verantwortung, die größer war als ich es bei solchen Jobs bisher empfunden hatte.

Ich stand auf und ging zum Eingang mit den Worten: „Okay, let's do it." Die Frau und ich gingen wieder in den großen Raum mit dem ovalen Tisch, um den zuvor bestimmt zwanzig Menschen gesessen hatten und gingen die Pappen mit den Styling-Moods durch.

Endlich öffnete sich die Tür und drei Leute kamen lächelnd herein. Sie entschuldigten sich für die Verspätung, aber sie hätten gerade so viel an der Backe. In der Wartezeit hatte ich mir nach Feng Shui-Vorgaben den richtigen Platz für meinen Rolli und mich ausgesucht. Quatsch, nicht nach Feng Shui! Davon hatte ich keinen Plan. Nein, aber ich hatte mich für einen Platz entschieden, der das Fenster im Rücken hatte. Damit hatte ich keine Mainhattan[3]-Aussicht, aber die Leute, mit denen ich sprechen sollte, saßen mir nicht im Gegenlicht. Wichtig, betont kompetent und dynamisch ergriff die Agenturchefin das Wort. „Wir haben Sie heute als kreativen Berater hergeholt und wollen in den kommenden 48 Stunden eine Lösung für einen unserer Kunden erarbeiten. Hat alles mit ihrer Anreise geklappt?" Ich sagte ihr, dass alles gut sei und ich prima in dem mir bekannten Hotelzimmer untergebracht sei. Und dass der Weg von dort mit dem Rollstuhl hierher bei dem guten Wetter okay sei. Da schien ich eine verbale Bombe platzen gelassen zu haben. Totenstille im Raum. Diese Stille war so spürbar, dass ich schnell sagte: „Ich hatte mir schon gedacht, dass ihr mich nicht als Regisseur kommen habt lassen." Während ich das sagte, bemerkte ich, dass der ältere Agenturinhaber versuchte, unter den Tisch zu sehen, um in Erfahrung zu bringen, ob ich tatsächlich in einem Rollstuhl saß. „Es geht um das Pharmaunternehmen, für das Sie schon vor drei Jahren den Film gemacht hatten. Dass sie mittlerweile im Rollstuhl sitzen, tut uns leid, ist vielleicht für den Job von Vorteil, aber sie hätten es vorher sagen müssen."

Ich hatte schon keine Lust mehr, aber wie das so ist: Ich bin nicht mehr jung, brauche aber trotzdem das Geld. Eine längere Pause

---

3   Hier ist die Frankfurter Skyline gemeint.

entstand. Ätzend. Ich sagte dann schnell, dass ich gespannt sei, um was es denn ginge. Die sonstigen Anwesenden versuchten, auffällig unauffällig weg zu schauen. Ein junger Typ, den man eher in einem Café mit Laptop vor sich vermuten würde, sagte: „Cool, es geht um ein Patienten-Bindungs-Programm mit Image-Abstrahl-Effekt." „Sie müssen doch bestimmt auch regelmäßig ein Medikament nehmen", sagte eine bebrillte Frau, wahrscheinlich junge Mutter mit gutem Studienabschluss. Ich dachte mir, auf was für ein Programm die hinauswollten und antwortete: „Nein, schon länger nicht mehr. Ich habe es abgesetzt." Die Lüftung oder die Klimaanlage führte einen Monolog; so still war es plötzlich in dem Konfi. Irgendwann übernahm die Geschäftsführende Kreativdirektorin das Wort und briefte mich voll. Der junge Typ holte aus einem anderen Raum einige Unterlagen und legte sie vor mir auf den Tisch. Dann ergriff die Chefin wieder das Wort, während der Inhaber sehr intensiv auf seinem Handy herumtippte. „Wie wollen wir weiter vorgehen?" Die Frage war eindeutig an mich gerichtet, und ich überlegte kurz, während ich mir die Unterlagen vor mir durchsah. „Ich schlage vor, ich beschäftige mich heute den Rest des Tages damit und wir sehen uns morgen Vormittag wieder." Der Inhaber schien gewusst zu haben, dass ich diesen Vorschlag machen würde, denn er sagte gleich: „Ich hab für heute Abend einen Tisch in der ‚Grünen Gans' reserviert, dann treffen wir uns um acht, okay?"

Ich nickte mechanisch, denn ich hörte nicht mehr richtig zu.

Im Fahrstuhl nach unten holte ich eine Zigarette mit der einen Hand aus der Schachtel und mit der anderen das Big-Feuerzeug unter meinem Oberschenkel hervor; so wie ich es immer tue. Nur dieses Mal besonders erleichtert. Diese Werbewelt war definitiv nicht mehr die meine. Als der Lift unten angekommen war und eine mechanische Frauenstimme sagte, dass wir nun das Erdgeschoss erreicht hätten, brachte ich mich in Stellung. Die Tür war noch nicht ganz auf, als ich meinem Rollstuhl die Sporen gab. Einen Meter außerhalb der Tür gab ich mir Feuer, blieb stehen, sah den modern angelegten Platz mit dem reduzierten Springbrunnen und drei Kinder, die auf dem Mäuerchen um den Springbrunnen saßen und Spaß zu haben schienen. Weiter hinten sah ich die ausgeschaltete Leuchtreklame einer Hotelbar. Zwei Zigaretten später war ich zusammen mit einem frisch gezapften Bier in der Bar und hatte die Unterlagen aus dem Meeting vor mich auf den Tisch gelegt. Nur um eine offizielle Rechtfertigung für meinen Besuch in der Bar mittags um zwei zu suggerieren, schaute ich die Unterlagen durch. Hochglanzbroschüren mit strahlenden, glücklichen Menschen, die mich anlachten und bei denen man sich fragt: „Warum verdammt sind die in dieser Broschüre für ein Medikament?" Sie sollten mich wohl überzeugen, dass mit dem beworbenen Medikament das Leben ein glückliches sein würde. Ich erinnerte mich an mein letztes Medikament und musste ironisch lachen, bis mich eine Stimme fragte: „Glauben Sie das?" Ich drehte mich um und sah in das Gesicht der Agenturchefin. Sie fragte mich, ob sie sich einen Moment zu mir setzen könnte. Sie hätte mich aus ihrem Büro hierher rollen gesehen. Mit einer leichten Handgeste bat ich sie, hier Platz zu nehmen, was sie auch gleich tat. Es brach gleich aus ihr heraus: Ihr Vater sei im Endstadium eines Darmkrebs. Er wird es wohl nicht mehr lange machen. Sie bestellte sich ein Bier und sah mich mit müden Augen an.

„Vielleicht wäre es gut, wenn die Pharmaindustrie mehr an dem Gedanken: ‚Bitte bleiben Sie gesund' arbeitete, als erst dann für sich zu werben, wenn es zu spät ist", hörte ich mich sagen — und es hörte sich plausibel an; fand ich. Das Lied von Cat Stevens kam mir in den Sinn.

„Ich bin gespannt, was dir dazu einfällt", sagte sie, trank in einem Zug ihr Bier aus, legte einen 5 Euro-Schein auf den Tisch, schaute nach dem Kellner, der nicht zu sehen war, und verabschiedete sich bei mir bis morgen. Ich wünschte ihr einen schönen Resttag und sie ging.

„Was war das denn?", schien ich wohl so laut gedacht zu haben, dass der aufgetauchte Kellner wohl vermutete, ich hätte ihn gerufen. Nachdem alles geklärt war und ich bei ihm noch einen Espresso bestellt hatte, fuhr ich vor die Tür und dachte bei einer Zigarette über meinen aktuellen Job, über die Agentur, über Agenturen allgemein, über mein weiteres Vorankommen in der Welt der Werbung, über das, was ich wollte etc., also alles, nach.

Frühling

Wahre Liebe

KISS.

„Stand heute kann man über Lockerungen frühestens in drei Wochen nachdenken. Wir müssen weitreichendere Verbote aussprechen." So Söder. So informierte mich gerade der Nachrichtenkanal von der Welt auf YouTube an einem sonnigen, kalten Spätherbstmorgen.

War es nicht immer so? Was verboten war, tat man am liebsten? Und überhaupt, Verbote? Wäre es nicht besser, die Menschen „kommunikativ abzuholen"? Aber was heißt das in diesem konkreten Fall? Hierzu sind zwei Kommunikationsregeln zu Rate zu ziehen:

Der klassische Dreiakter, der in der Welt der Pharmakommunikation aus der Theaterdramaturgie kommend so interpretiert wird:

1. Akt: Etablieren der Person, der Situation, des Problems.
2. Akt: „Break Down". Das heißt: Das Problem eskaliert, der Hauptperson gehts schlechter und schlechter.
3. Akt: „Happy End". Produkt-(Medikament-)Anwendung. Problem gelöst.

Übertragen auf den weiteren Umgang mit dem momentanen Pandemieproblem könnte es dann heißen:

A. Das Virus wird beschrieben: Wie, wo und wann das Virus entsteht, sich verbreitet, welche Konsequenzen aus einer Infektion entstehen.
B. Welche Folgen und Risiken aus der Verbreitung des Virus entstehen. Wer ist am stärksten gefährdet? Was ist im schlimmsten Fall die Konsequenz?

C. Welche Optionen haben wir und wann? Was ist die Folge von
Einschränkungen für jeden?

Jetzt werden einige sagen: „So wurde doch gehandelt." Aber war und
ist das wirklich so? Erinnern wir uns an den Beginn 2020. Das Jahr
hatte gerade begonnen, die üblichen guten Vorsätze und Wünsche
waren formuliert, und auch ich dachte, es wird ein besonderes Jahr.
Ein Jahr der Entwicklung und Veränderung. Ein spannendes, positives Jahr. Ich hatte mit einem Projekt alle Hände voll zu tun und
Herzchen im Kopf. Fast beiläufig gingen Bilder über den Äther, die
viele Leichen und künstlich beatmete Menschen in überfüllten Kran-
kenhäusern zeigten. Es wurde von einem Virus gesprochen, das seine
Ausbreitung in die Welt angetreten hatte. Schließlich hatte Corona
auch Deutschland erreicht und der überwiegende Teil schützte sich
und die anderen, ohne zu murren. Es hatte was von einem schlech-
ten Katastrophenfilm. Immer weniger Menschen waren unterwegs
und man begann, sich mit Masken, wie man sie bis dahin nur aus
Krankenhaus-Serien kannte, zu schützen. „Lockdown." Geschäfte,
Restaurants, Theater und Schulen wurden geschlossen. Kaum einer
war da, der noch Flugzeuge und die Bahn nutzte.

Mein Projekt war abgeschlossen und ich fuhr mit Rolli und Bahn
nach Hause. Spannend. Ein leerer Großraumwagen brachte mich
rund 1 000 km weiter, und dann war ich zurück und gewissermaßen
in Quarantäne. Nach drei, vier Wochen begann es zu nerven. Die
Unmengen an Lieferdienstverpackungen ärgerten mein ökologisches
Gewissen. Nicht mehr das gewohnte Leben zurückzubekommen,
wurde zunehmend weniger lebenswert, da ich sonst meist mein
Abendessen in einem kleinen, italienischen Lokal zu mir genommen
hatte, da ich durch meine MS nicht mehr kochen kann. Es wurde
von Kurden und einem Italiener, der bald in Rente ging, betrieben.

Da zu der Zeit aber weder die Menschen, die Regierungen der Welt
noch die Fachleute wussten, wie mit einer Pandemie umzugehen war,
stocherte man im Nebel, entwickelte Konzepte, von denen die einen

besser als die anderen wirkten. Plötzlich gab es viele Experten und doppelt so viele Ideen, wie es in der Werbung üblich ist. Und wenn man das so sieht, stellt sich eben die Frage: Wie würde die Werbung damit umgehen?

Scheinbar hatten andere auch schon so gedacht und für die Regierung einen TV-Spot kreiert, der aus der Zukunft das Jetzt betrachtet. Coole Idee; eigentlich. Doch leider gibt es keinen wirklichen dritten Akt: keine Lösung; kein Happy End. Nehmen wir einen ganz gewöhnlichen deutschen TV-Spot für ein Erkältungsmittel und übertragen wir dieses Konzept auf Covid-19. Wie würde ein Spot dafür aussehen; insbesondere wenn es noch keine gewinnbringende Medikation dagegen gibt? Wenn die Regierenden die Menschen bisher nicht mitgenommen haben, gemeinsam eine Vision als Ziel zu sehen?

Vielleicht so:
In authentischem Umfeld (zu Hause, im Café oder unterwegs) sprechen unterschiedliche Menschen (Frauen, Männer, Kinder, Alte und Junge) in die Kamera, also zum Zuschauer. Sie alle sagen in ihrem etwa 25 Sekunden-Sujet beispielsweise: „Ich war positiv und das war sehr negativ. Ich kam gerade von einer Reise zurück und sollte mich am Flughafen für einen Test melden. Mir ging es bis dahin gut, so dachte ich. Zwei nervige Tage vergingen, an denen ich zu Hause bleiben musste, bis der Anruf kam. Ich bin positiv. Auf die leichte Schulter habe ich es genommen, scherzte herum und sagte, dass das ja so sei wie damals bei den ersten AIDS-Infizierten. Mir ging es schlechter und schlechter. Kein Geruchssinn, kein Geschmack, keine Lust und mehr und mehr schlechte Luft. Ich bitte Sie: halten Sie Abstand, tragen Sie so eine blöde Maske und desinfizieren sie sich. Ich wünsch es keinem, das erleben zu müssen, was ich durchleben musste." So oder ähnlich könnte der/die Betroffene erzählen. Und genau darum geht es. Menschen, die es tatsächlich erfahren haben, berichten anderen davon, und zwar nicht aufmerksamkeitsstark oder fiktiv.

Nun ist mittlerweile das TV nur noch ein Medium im Media-Mix. Auf YouTube und ähnlichen Kanälen sollten Influencer ähnliche Inhalte überzeugt kommunizieren. In Talk-Shows sollten die Darsteller der Kampagne auftreten und von ihren Erlebnissen berichten.

Wenn Richard David Precht recht behalten sollte und sich die Transformation von der Leistungs- und Lohngesellschaft zu einer Tätigkeitsgesellschaft mit bedingungslosem Grundeinkommen entwickelt, was nicht nur aus den von Precht genannten Gründen aus meiner Sicht gut wäre, könnte tatsächlich eine paritätische Gesellschaft entstehen, in der ein talentierter Hauptschüler, eine visionäre MS-Kranke oder ein Rechtsanwalt die Möglichkeit bekäme, genau wie der Krankenpfleger oder die Unternehmerin ein gutes Leben zu führen. Würde das zu einer sozialistischen Form, zu einer kommunistischen Staatsform à la Marx oder Chinas führen? Würde eine solche Form den Menschen die freie Selbstentfaltung, die Freiheit nehmen?

Ich bin keiner, der sich damit auskennt, aber ich bin einer, der Fragen stellt; manchmal mir selbst, manches Mal anderen.

Alles geht, nur anders.

Ich spinne den Gedankenfaden mal wertfrei weiter. Würde jeder und jede die Möglichkeit bekommen, mittels eines solchen Grundeinkommens die Chance zu erhalten, das zu tun, wo seine/ihre Leidenschaft liegt, und er/sie damit sehr motiviert ans Werk geht und der daraus resultierende Gewinn monetär dazu beiträgt, das Wirtschaftssystem stabil zu halten, es eventuell sogar gewinnbringend zum Wachstum beisteuert, wäre allen geholfen. Okay, jetzt werden kritische Stimmen laut, die von Sozialismus oder Kommunismus sprechen und anmahnen, dass die Geschichte gezeigt habe, dass es nicht funktioniert. Viel interessanter dürfte die Frage sein: Okay, wir wissen, dass es bisher nicht funktioniert hat, aber wie könnte es denn funktionieren?

Charly Chaplin hielt in seinem Film „Der große Diktator"[4] seine berühmte Rede, die vielleicht einige Zweifel über Systeme in ein anderes Licht rückt:

Er sagte:
„Es tut mir leid, aber ich möchte nun mal kein Herrscher der Welt sein, denn das liegt mir nicht.
Ich möchte weder herrschen noch irgendwen erobern, sondern jedem Menschen helfen, wo immer ich kann.
Den Juden, den Heiden, den Farbigen, den Weißen.
Jeder Mensch sollte dem anderen helfen, nur so verbessern wir die Welt.
Wir sollten am Glück des andern teilhaben und nicht einander verabscheuen.
Hass und Verachtung bringen uns niemals näher.
Auf dieser Welt ist Patz genug für jeden, und Mutter Erde ist reich genug, um jeden von uns satt zu machen.
Das Leben kann ja so erfreulich und wunderbar sein.
Wir müssen es nur wieder zu leben lernen.
Die Habgier hat das Gute im Menschen verschüttet, und Missgunst hat die Seelen vergiftet und uns im Paradeschritt zu Verderb und Blutschuld geführt.
Wir haben die Geschwindigkeit entwickelt, aber innerlich sind wir stehen geblieben.
Wir lassen Maschinen für uns arbeiten, und sie denken auch für uns.
Die Klugheit hat uns hochmütig werden lassen und unser Wissen kalt und hart.

---

4   Diese Rede hallt mit Charly Chaplins Stimme in meinem Kopf wider, als wäre ich erneut 16 Jahre alt, damals, als ich diese Rede zum ersten Mal hörte. Vielleicht verstand ich da noch nicht alles, aber sie passte schon damals in meine Weltanschauung, die sich bis heute nicht wesentlich geändert hat, und leider passt sie bis heute in unsere Welt. Ich kann nur jedem empfehlen, sich diese Rede, wie überhaupt sehr vieles von Chaplin, auf YouTube oder sonst wo anzuhören und anzusehen.
Der große Diktator (Originaltitel: The Great Dictator) ist ein US-amerikanischer Spielfilm von Charlie Chaplin und eine Satire auf Adolf Hitler und den Faschismus aus dem Jahr 1940. Produktion: Charlie Chaplin-Film.

Wir sprechen zu viel und fühlen zu wenig.

Aber zuerst kommt die Menschlichkeit und dann erst die Maschinen.

Vor Klugheit und Wissen kommt Toleranz und Güte.

Ohne Menschlichkeit und Nächstenliebe ist unser Dasein nicht lebenswert.

Aeroplane und Radio haben uns einander näher gebracht.

Diese Erfindungen haben eine Brücke geschlagen, von Mensch zu Mensch.

Sie erfordern eine allumfassende Brüderlichkeit, damit wir alle eins werden.

Millionen Menschen auf der Welt können im Augenblick meine Stimme hören.

Millionen verzweifelter Menschen, Opfer eines Systems, das es sich zur Aufgabe gemacht hat, Unschuldige zu quälen und in Ketten zu legen.

Allen denen, die mich jetzt hören, rufe ich zu: Ihr dürft nicht verzagen!

Auch das bittere Leid, das über uns gekommen ist, ist vergänglich.

Die Männer, die heute die Menschlichkeit mit Füßen treten, werden nicht immer da sein.

Ihre Grausamkeit stirbt mit ihnen, und auch ihr Hass.

Die Freiheit, die sie den Menschen genommen haben, wird ihnen dann zurückgegeben werden.

Auch wenn es Blut und Tränen kostet, für die Freiheit ist kein Opfer zu groß.

Soldaten vertraut euch nicht Barbaren an, Unmenschen, die euch verachten, und denen euer Leben nichts wert ist, ihr seid für sie nur Sklaven.

Ihr habt das zu tun, das zu glauben, das zu fühlen.

Ihr werdet gedrillt, gefüttert, wie Vieh behandelt, und seid nichts weiter als Kanonenfutter.

Opfert euch nicht für diese Unmenschen.

Diese Maschinenmenschen, mit Maschinenköpfen, und Maschinen-
herzen.

Ihr seid keine Roboter, ihr seid keine Tiere, ihr seid Menschen!

Bewahrt euch die Menschlichkeit in euren Herzen und hasst nicht,
nur wer nicht geliebt wird, hasst, nur wer nicht geliebt wird.

Soldaten kämpft nicht für die Sklaverei, kämpft für die Freiheit.

Im siebzehnten Kapitel des Evangelisten Lukas steht:

‚Das Königreich Gottes liegt im Menschen.‘

Also nicht nur in einem oder in einer Gruppe von Menschen.

Vergesst nie, Gott liegt in euch allen, und ihr als Volk habt allein die
Macht.

Die Macht, Kanonen zu fabrizieren, aber auch die Macht, Glück zu
spenden.

Ihr als Volk habt es in der Hand, dieses Leben einmalig kostbar zu
machen, es mit wunderbarem Freiheitsgeist zu durchdringen.

Daher im Namen der Demokratie: Lasst uns diese Macht nutzen!

Lasst uns zusammenstehen!

Lasst uns kämpfen für eine neue Welt, für eine anständige Welt!

Die jedermann gleiche Chancen gibt, die der Jugend eine Zukunft
und den Alten Sicherheit gewährt.

Versprochen haben die Unterdrücker das auch, deshalb konnten sie
die Macht ergreifen.

Das war Lüge, wie überhaupt alles, was sie euch versprachen, diese
Verbrecher.

Diktatoren wollen die Freiheit nur für sich, das Volk soll versklavt
bleiben.

Lasst uns diese Ketten sprengen!

Lasst uns kämpfen für eine bessere Welt!

Lasst uns kämpfen für die Freiheit in der Welt,
das ist ein Ziel, für das es sich zu kämpfen lohnt.

Nieder mit der Unterdrückung, dem Hass und der Intoleranz!

Lasst uns kämpfen für eine Welt der Sauberkeit.

In der die Vernunft siegt, in der uns Fortschritt und Wissenschaft
allen zum Segen reichen.

Kameraden, im Namen der Demokratie: Dafür lasst uns streiten!“

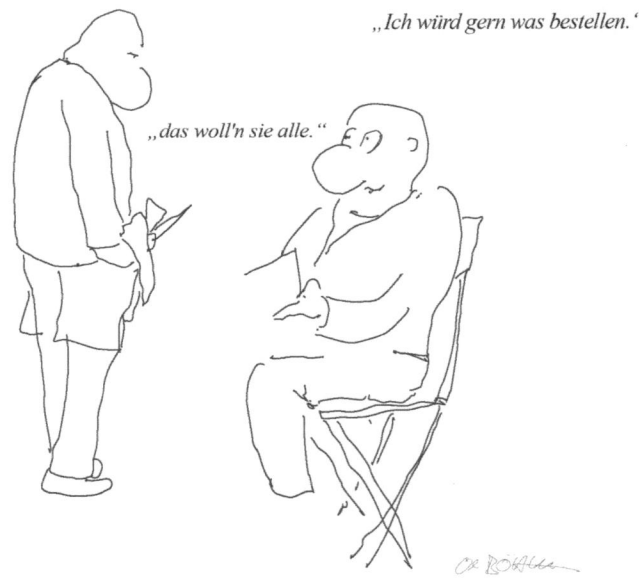

Klartext

Jedes Ende ist auch ein Anfang.

Die Corona-Pandemie hat es beschleunigt und damit sehr deutlich gemacht. So wie es seit den 1980ern anfing zu laufen, läuft es nicht mehr. Weder ökologisch noch ökonomisch. Das „Verschlimmbesserungsprogramm" läuft in seiner letzten Verlängerung. Gedankenlosigkeit ist nicht mehr, Bewusstsein und Verantwortung sind gefragt. Ein Ziel, eine Vision muss her. Eine, in der sich jeder wiederfindet. Eine, die „Bock" macht. Eine, die alle wollen; und damit ist nicht „glücklich sein" gemeint, oder Sorglosigkeit.

Der Online-Handel nimmt zu, die Ladengeschäfte gehen leer aus.

Okay, dann ist das halt so. Zu groß sind die Vorteile, die der Online-Handel hat; zu schwach die Argumente, das Alte zu bewahren.

Natürlich, um Produkte, Marken oder Services zu erleben, muss man in die reale Konsum-Welt, -Stadt. Es gibt zu wenig Platz, die Philosophie einer Marke und deren Produkte nachhaltig in einem Online-Shop erlebbar zu machen. Billig, billig, Billig, Black-Friday und Cyber-Weeks ersetzen die Vision einer Marke. Vielleicht trifft man zufällig auf einen Spot im TV oder in den „Sozialen-Medien". Schaut man sich die wertvollsten Marken 2020 an, so stellt man fest, dass diese Marken weiterhin viel Wert auf ihre Image-Kommunikation legen; zumindest die ersten fünf. Sie alle sind vor allem analog, also real erlebbar. Sei es durch ihre Produkte, ihre Stores oder durch ihre realen Kontakte mit ihren Kunden. Amazon beginnt, reale Supermärkte zu errichten, Apple hat weltweit seine Stores, und selbst Visa ist überall auf der Welt sichtbar.

Vielleicht liegt hier ein Ideen-Ansatzpunkt.

Vielleicht ginge es ja auch so:

Eine attraktive, dunkelhaarige Frau betritt mit ihrem Gehstock, der sie sehr interessant wirken lässt, eine Art Café in der Innenstadt einer kleinen Stadt. Es ist so eine der sehr pragmatisch geplanten, aber auch natürlich gewachsenen Orte. Es ist ein grauer Wintervormittag und das Café ist überschaubar gefüllt. Sie bestellt sich beim Reingehen am Tresen, der auch eine Auswahl an frischen Kleinigkeiten anbietet, einen Cappuccino, nimmt sich eines der für Gäste bereit liegenden iPads und humpelt zu einem leeren Tisch, der eine tolle Aussicht auf den Platz, der vor dem Café liegt, bieten würde, wenn es draußen nicht so trist und dunkelgrau wäre. Während sie sich ihren Mantel auszieht, schaut sie sich um und scheint etwas entdeckt zu haben. Ein älterer Kellner tritt an ihren Tisch. In der Hand ein Tablett, auf dem ein frischer Cappuccino steht und ein Brioche liegt. „Den Schrank da hinten, den habt ihr neu. Wo find ich den denn?" Der Kellner schaut erst zu dem Schrank, dann zu der Frau und sagt: „Ein cooles Teil, gibt's auch in Vintage und in Waldgrün. Meine Schwester hat sich auch gleich in das Teil verguckt. Ist gleich auf der Startseite unter Neuheiten." Er deutet aufs iPad.

So oder ähnlich könnte eine typische Szene in einem Stadt-Café ablaufen. Wenn, ja wenn Unternehmen und lokaler Einzelhandel zusammenarbeiten würden. Wenn es also eine Art Cross-Trade gäbe. Wenn die, die Produkte herstellen, sie auch in dem Umfeld präsentieren würden. Inszenierung inklusive. Der Einzelhandel hätte nicht nur seine Ladenausstattung und ein zusätzliches Kaufangebot sehr aktuell direkt bei seiner Klientel. Die Hersteller könnten ihre Angebote live inszenieren, zielgruppengerecht präsentieren. Kooperationen könnten in anderer, neuer Form entstehen und das Potenzial an Synergieeffekten könnte genutzt werden.

Halb voll – halb leer

Corona-Aussicht

Alles beim Alten.

2020, eine Pandemie begann um die Welt zu gehen. Viele unterschätzten sie, einige gaben sich übervorsichtig ihrer Panik hin. Das Ende vom Lied ist, während ich dies schreibe, gewiss noch nicht ausgesungen und wird es auch morgen nicht sein. Wie so häufig, wenn man es mit etwas Unbekanntem zu tun hat, entwickeln sich einige Theorien. Und Kreativität ist wahrscheinlich die beste Denkart, um damit umzugehen. Einige Maßnahmen wurden und werden ergriffen, die vom überwiegenden Teil der Bevölkerung befolgt werden. Abstandsregeln, Sperrstunde oder häusliche Quarantäne wurden von den Regierenden verordnet, die von der Bevölkerung gewählt wurden. Für den größten Teil der MS-Erkrankten blieb und bleibt das meiste wie vorher. Dies ist ein Fluch und ein Segen.

Vor ein paar Tagen sagte mir ein Freund und ebenfalls MS-ler, dass jetzt mal alle anderen erleben, wie es ist, nicht so zu können, wie man gerne würde. Ein Impfstoff wurde in Windeseile entwickelt, der zu funktionieren scheint. Dieser wurde in gleichem Tempo zugelassen, in dem er die Prüfkriterien erfüllte, und an die Bevölkerung ausgegeben. Da die ersten Chargen nicht für die Weltbevölkerung ausreichten, wurde ein Plan entwickelt. Nach ethischen, moralischen, medizinischen, wirtschaftlichen und akuten Kriterien. Impfzentren wurden installiert und nach und nach der Öffentlichkeit präsentiert. Sicher war, es würde mindestens ein halbes Jahr brauchen, bis die sogenannte Masse in den Genuss der Impfung kommt.

Sicherlich gibt es andere Autoren, die vielleicht ein bisschen alteingesessener sind als ich in meinem modernen E-Stuhl, oder bessere Kurzbeschreibungen der Lage. Eine schöne Beschreibung der Lage gibt es aber nirgends. Ich empfinde es spannend, als einer, der bisher nicht von Covid-19 betroffen ist, zu sehen, was die Einschränkungen quer durch die Menschheit für einen Erfindergeist entfachen. Ich erlebe mit einer gewissen Genugtuung, dass vieles, was in der Ferne geglaubt wurde, plötzlich als DIE Lösung blitzschnell realisiert und installiert wird.

Interessant ist auch der Motor dieser Motivation. Ich denke – mit meiner unqualifizierten Denkweise –, dass es vor allem die Wirtschaft ist, die den Motor antreibt. Wie dem auch sei; Home-Office, digitaler Schulunterricht, Lieferdienste mit kontaktlosem Empfang oder offizielle Schreiben ans Amt per E-Mail sind plötzlich möglich geworden und Videokonferenzen sind schwer in Mode. Ausstellungen werden genauso virtuell präsentiert wie Messen oder Vorstandswahlen.

Und auf einmal stellen alle fest, wie wichtig doch der persönliche Kontakt, das soziale Miteinander ist. Fast zu spät. Solidarität ist in Mode. Auf einmal sind Entfernungen nur noch für die Reiseindustrie ein Problem. Neue Allianzen werden geknüpft, und die Leute, die gerade für ein Projekt gebraucht werden, werden nicht mehr aufwändig eingeflogen und in Hotels untergebracht.

Ich sprach letztens mit einer befreundeten Werbefilm-Producerin, die mir erzählte, dass sie vor kurzem einen Spot unter Corona-Einschränkungen produziert hat, vom Home-Office aus. Die Regisseure saßen zu Hause, die Produktion auch, nur die Crew, Kamera und Darsteller waren getestet und vor Ort. „Geht doch!", dachte ich und fuhr auf die Terrasse der Wohnung und rauchte erst mal eine. Dabei dachte ich, ja klar, das geht schon, aber …

Auch der MS-Freund kam mir wieder in den Sinn, der sagte, dass sich für MS-Erkrankte gar nicht so viel ändert durch einen Lockdown. Denn Menschen mit Multipler Sklerose haben, je nach Krankheitsgesicht, einen eingeschränkten Bewegungsradius. Sei es, weil die Kraft sehr begrenzt ist, weil das nächste WC in erreichbarer Nähe sein muss, sei es einfach, dass die Nerven nicht durchhalten. MS-ler sind eher „Stubenhocker" und dadurch mit weniger sozialen Kontakten gesegnet. Also, so anders fühlt sich das nicht an, wie unter Corona-Einschränkungen. Und bei der Gelegenheit, abgesehen von den Atemwegsschwierigkeiten, scheint ja das Virus insbesondere neurologische Ausfälle mit sich zu bringen; wie auch die Multiple Sklerose. Maßgeblicher Unterschied aus meiner Laiensicht: die Ursache für die MS ist weiterhin unklar, für die MS gibt es keinen Impfschutz, sie kann jeden treffen, zu jeder Zeit. MS ist nicht ansteckend, aber unheilbar.

Auch wenn ich seit einiger Zeit jemanden an meiner Seite weiß, der mich bekocht und all das übernimmt, was ich nicht oder sehr eingeschränkt tun kann, ist auch für mich eine so massive Einschränkung der sozialen Kontakte schwer umsetzbar; war ich doch jemand, der sehr gern mal im Restaurant essen war, ein belangloses Schwätzchen mit einem der Mitarbeiter geführt hat oder die Menschen um mich herum beobachtet und in meinen Bildern mit Emotionen festgehalten hat.

„Es ist schon erstaunlich, wie eine solche Pandemie dazu beiträgt, Tradition und das Neue, Andere so deutlich unterscheidbar wahrzunehmen." Mit diesen Gedanken rolle ich augenblicklich umher und träume insgeheim davon, dass die Digitalisierung dazu führt, dass Bürokratie abgebaut, aber zugleich die Menschlichkeit, das Miteinander und das gegenseitige Vertrauen wieder aufgebaut wird.

Dialog 3

Wie würdest du es machen?

In dem überwiegenden Teil der medialen Diskussionen kritisieren, fragen und/oder profilieren sich die Teilnehmer der Diskussion. Schade, dass selten, sehr selten, die Frage von einem Teilnehmer oder von der Moderation gestellt wird: „Wie würden Sie es machen?"

Offene Fragen zu stellen, regt die Befragten zum Nachdenken und zu einer produktiven Diskussion und/oder Meinungsbildung an.

Es könnte also auch eine interessante, unterhaltsame und vor allem meinungsbildende Sendung sein, bei der die Frage: „Wie würden Sie es denn machen?" Programm wäre. Dieses Sende- oder Print-Format ließe sich zudem auf nahezu alle Themenbereiche übertragen und gäbe den Befragten die Möglichkeit, ihre Ideen und Konzepte vorzustellen.

Um unser aller Dopaminsucht nachzukommen, konsumieren wir täglich; Medien, Kunst- und Kultur-Konsum sind die kommerziellen Briketts. Ich war gerade zwecks der Nikotinsucht für eine Zigarette auf der Terrasse, schaute in den eisblauen Himmel und dachte mal wieder darüber nach. – Ist es verwerflich, etwas zu konsumieren, um durch das erlangte Wissen etwas zu schaffen? – Um die Antwort gleich zu geben: NEIN!

Es mag Menschen geben, welche die Welt um sich herum tatsächlich wie ein Krümelmonster nur konsumieren, bei denen den ganzen Tag das Radio oder der Fernseher läuft, ohne dass sie wirklich bei der Sache sind. Vielleicht nehmen sie dann einen Satz, ein Gesicht oder eine Aussage wahr, doch so wirklich? Noch heftiger ist es mit dem Handy in Bezug auf Mail, Instagram und WhatsApp. Mit dem

„Bing!" wird Dopamin ausgeschüttet. Der Mensch fühlt sich wichtig und bestätigt.

Ich wage sogar zu behaupten, dass ich einen nicht unerheblichen Teil meines Wissen durch Filme, Dokus, YouTube-Beiträge oder Vorträge gewonnen habe. Ich finde das okay, insbesondere wenn dadurch mein Interesse für ein Thema geweckt wird und ich dieses für mich und meine Arbeit nutzen kann.

Also, wie würde ich das machen?

Die nervige Multiple Sklerose, wie wahrscheinlich viele andere chronische Erkrankungen auch, hat mich gelehrt: Wenn es nicht so geht, dann geht es anders.

Ergo: wenn du nicht auf gewohnte Weise zu deinem Ziel kommst, dann versuch einen anderen Weg; und frag dich, ob die gewohnten Ansprüche hilfreich sind oder eher hinderlich.

Wenn also mein Ziel ist, ein Buch zu schreiben, einen Spot zu drehen oder ein Bild zu machen, und dann bemerke ich, dass ich dieses Ziel auf erlernte Art und Weise nicht erreichen kann, entweder weil mir die Kraft, die Erfahrung oder die Beweglichkeit fehlt, suche ich einen anderen Weg, der mich zu meinem Ziel bringt. Vielleicht langsamer, oder nicht ganz so, wie ich es mir vorgestellt habe, aber es wird etwas dabei herauskommen. Ob ich dafür eine Auszeichnung erhalte oder nicht, wird die Motivation nicht schmälern. Und, wer weiß, vielleicht entsteht dadurch etwas ganz Anderes, Neues. Solange es Menschen berührt …

Als ich beispielsweise bemerkte, dass ich aufgrund meiner MS nicht mehr richtig zeichnen, malen oder fotografieren konnte und mich aus dem Tal des Frusts und der Depression befreit hatte, beschäftigte ich mich länger mit der Arbeit von Gerhard Richter und seinen gemalten oder übermalten Fotografien. Er fand in dem Gewöhnlichen und Alltäglichen und seiner Interpretation dessen seine Philosophie. Warum sollte ich also nicht einen ähnlichen Weg gehen? Zumal ich schon zu „gesunden" Zeiten in ähnlicher Richtung unterwegs war.

Oder:
Als die analoge Fotografie der digitalen wich und sich in Verbindung mit der digitalen Bildbearbeitung auch für einen MS-Rollstuhlfahrer neue Gestaltungsmöglichkeiten eröffneten, erinnerte ich mich an einen anderen Rollstuhlfahrer, den ich irgendwann irgendwo unterwegs gesehen hatte. Während ich ihn beobachtete, entstand in mir der Impuls: „Das kann ich auch; auf meine Art."

Ich habe keine Ahnung, was dieser Rollstuhlfahrer genau machte, wie seine Arbeiten waren, oder was aus ihm geworden ist, stellte mir aber vor, dass er bestimmt sehr gefühlvolle Arbeiten machte.

Ich arbeitete an mir, sodass ich nach und nach meinen Stil mit den neuen Gegebenheiten umsetzen konnte und bis heute kann. Gut, als MS-ler ist man nicht mehr, zumindest ich nicht, aktiv in der Szene unterwegs, weswegen es für so einen wie mich auch recht mühsam ist, ein Netzwerk oder Kontakte zu knüpfen und zu pflegen, aber es läuft.

Oder:
Ich wollte schon immer ein SW-Musik-Video schaffen; in meiner Art, in meinem Stil. Irgendwann, als ich das Konzept für einen NPO-TV-Spot entwickeln sollte, den ich auch regieseitig begleitete, kam mir der Wunsch wieder in den Sinn und ich lenkte das Konzept in diese Richtung; weil es passte. Die Verantwortlichen sahen das auch so, und ein guter Spot entstand. Beim Film handelt es sich ja um ein Werk einer Gruppe. Jeder gibt sein Bestes, wenn jeder Einzelne Feuer gefangen hat. Dann ist es auch egal, wenn der Kreative nicht mehr der junge, erfolgreiche Dynamische ist. Es ist das Ergebnis, das zählt.

Zurück zur Eingangsfrage: „Wie würdest du es machen?"

Ich rollte durch das kleine Städtchen, das verschlafen und friedlich unter einer dünnen Eisschicht erschien. Die Friedlichkeit, muss man dazu sagen, war dem Covid-Lockdown geschuldet, was auch der primäre Grund dafür war, warum viele sich nicht viel bewegten; mich sowieso eingeschlossen. Dies wiederum führte dazu, dass häufiger das TV-Gerät zur Nutzung kam und vor meinen Augen vermehrt Diskussionsrunden um die Aufmerksamkeit konkurrierten. Bei diesen Runden fiel mir zunehmend auf, dass die Moderation nicht nur den Gästen ins Wort fiel, die Gesprächsleiter/innen heizten ihre Diskutanten regelrecht an. Doch mal die Frage an jeden Einzelnen zu stellen: „Wie würden Sie es denn machen", hatte niemand gefragt. Dabei wäre aus meiner Sicht eine solche Frage für alle Beteiligten hilfreich. Die Gäste könnten sich profilieren, die Zuschauer wüssten, mit wem sie woran sind, und die Regie der Sendung hätte Spannung, Wissenswertes und einigen „Talk-about" generiert.

Piefke, oder warum Storytelling so wichtig ist.

01.   Auf einem Platz im Übergangslager

Ein kühler, grauer Morgen auf dem eingezäunten Platz eines Bahnhofs. Die Stimmung scheint hoffnungslos und erdrückend. Nicht einmal ein verspäteter Vogel hätte es gewagt oder Lust gehabt, seine Stimme zu erheben. Obwohl die Sonne scheint, wirkt der Himmel düster und schwer.

Ein schmächtiger, blasser Junge von etwa neun Jahren, der durch seine Statur und Kleidung etwas jünger wirkt, sitzt einsam, traurig und in sich gekehrt, umgeben von einer grauen Menschenmasse, auf einer Holzbohle. Bekleidet mit einem weißen Unterhemd, das die Spuren der letzten Wochen trägt, und einer kurzen Turnhose, die auch schon glücklichere Zeiten erlebt hat. Darüber trägt der Piefke einen ehemals weinroten Pullunder, den er offensichtlich zu früh von seinem Vater geerbt hat; der Größe, dem Stil und der vielen Löcher nach zu urteilen. Ach ja, eine Art Stiefelpaar ohne Schnürsenkel komplettieren sein Outfit.

Niemand beachtet ihn.

Von Ungewissheit, Angst und Hoffnungslosigkeit erzählen die Blicke der Menschen. Flehend, zornig oder weinend blicken sie suchend umher; der Stern an ihrer Kleidung vermittelt mehr Leben als die Augen und Blicke dieser Menschen.

Immer wieder huschen Soldaten mit Gewehren im Anschlag vor den Menschen und an der Kamera vorbei.

Im Hintergrund rollt ein Güterzug mit offenen Schiebetüren aus und kommt zum Stehen. Einige der Menschen in der Menge schauen fragend zu dem Zug, doch die meisten scheinen dem kein Interesse beizumessen.

Auch der kleine Junge nicht. Er sitzt am Boden und malt resigniert einen Stern und eine Sonne mit einem verkohlten Stock auf die Erde, als der Schatten eines Mannes ins Bild tritt und es verdüstert.

Berliner (Off)

„Mensch Piefke! Watt machst du denn hier?"

Erst jetzt nimmt der Junge den Schatten des Mannes wahr, der das gefragt hat. Der Blick des Jungen folgt dem langen Schatten zu zwei abgewetzten Schuhen, in denen zwei Beine stecken, die mit einer staubigen und abgerissenen Anzughose bekleidet sind. Der Blick des Jungen geht weiter nach oben. Er sieht einen dicken Oberkörper, der in einen schweren Wintermantel gehüllt ist. Schließlich sieht der Junge in das Gesicht des Mannes, das durch die blendende Sonne nicht wirklich erkennbar ist.

Piefke

„Erst ham die Soldaten gesagt, dass ich mitkommen soll. Und dann ham die Soldaten gesagt, dass ich warten soll. Also wart ich. Mehr ham die noch nicht gesagt. Meine Mutter sollte woanders hin. Ich weiß nicht wo. Aber die rief noch, dass ich mich nicht sorgen soll."

Der Junge malt noch mehr Sterne und einen dicken Mond mit seinem Stock auf die Erde. Leicht entzückt schaut der Kleine sein Werk an – und dann wieder zu dem dicken Mann.

Piefke

„Sonne, Mond und Sterne. Wer willst du sein? –

Er schaut den dicklichen Mann an, dessen Statur so gar nicht an diesen Ort passt. Er mustert ihn nachdenklich und sagt schließlich:

Du bist bestimmt der Mond. Ich bin auch ein Stern, so wie alle hier. Schau."

Der Junge zeigt dem Mann den Stern an seiner Jacke.

Nachdenklich und traurig hört der Mann dem Jungen zu. Er hat Tränen in den Augen, die er vor dem Jungen zu verbergen versucht. Der Mann überlegt und schaut sich etwas nervös um. Dann geht ein Leuchten durch seine Augen und er hält den Bub an den Schultern.

Berliner (eindringlich)

„Also jut. Dann sag ich dir, was du jetzt tun sollst: Du hast doch dein Unterhemd an?"

Etwas muffelig nickt der Junge.

Berliner (eindringlich)

„Gut!"
„Unterhemd und Turnhose."

Der Junge ist etwas unsicher und weiß nicht so recht, was er tun oder sagen soll. Er beißt sich verlegen auf die Unterlippe, nickt dann leicht (mehr zu sich selbst) und antwortet:

Piefke

> *„Ich hab nur ne kurze Turnhose, weil Mutter sagte, dass*
> *die für die Reise besser is."*

Der Mann, welcher den Jungen immer noch an den Schultern fest-
hält, nickt zustimmend, schaut sich immer wieder um und versucht,
so beschwichtigend wie möglich zu lächeln.

Berliner

> *„Jut, jut, jut ... Zieh alles bis auf die Turnhose und das*
> *Unterhemd aus. und schnür die anderen Klamotten zu*
> *einem Bündel zusammen."*

Der Mann lässt den Jungen los. Während der Bub tut, was ihm
gesagt wurde und sich nach und nach seiner Straßenkleidung entle-
digt, schaut sich der dicke, ältere Mann nervös um. Ab und zu blickt
er zum Jungen, um zu sehen, wie weit er ist.

Berliner (eindringlich)

> *„Mensch Piefke. Mach hinne. Dett is nich wie zuhause*
> *in deiner Budze."*

Der Junge kniet sich auf den Boden und wickelt seine Kleidung
zu einem Bündel zusammen. Dann steht er wieder auf. In weißem
Unterhemd und weißer Turnhose mit dem Bündel unter dem Arm
steht er erwartungsvoll vor dem dicklichen Mann, der gerade wieder einmal nach allen Seiten blickt, um sicher zu gehen, dass keiner
kommt. Dann wendet er sich zum Jungen.

Piefke

„Das ist aber sehr kalt so.“

Berliner

„Is ja nich für lang.
Jetzt gehste zum Tor. Nich zu langsam, aber auch nich zu
schnelle. Und dann …“

In diesem Augenblick unterbricht ein herankommender Soldat den
Berliner.

Soldat (erst im Off)

„He ihr da! Was soll denn das werden?“

Der Berliner schaut sich erschrocken um und sieht den Soldaten.

Berliner (zum Soldaten)

„Der Piefke hier. Den hab ich eben uffesammelt. Der
wollte …“

Der dicke Mann wendet sich etwas zu dem Jungen und flüstert
schnell und leise:

Berliner (flüsternd)

„Jetzt pass jenau uf und mach dett dann auch so.“

Berliner (zum Soldaten)

„Also der Knirps hier. Der sucht sein Vatter und ich hab
ihm jesacht, dessa ma lieber hier raus und nach Haus

geht, weil sein Vatter wird er hier nich finden. Sacht er,
er is vom Sportunterricht suspendiert worden."

Der Berliner versucht, so gut er kann über seinen eigenen Witz zu lachen. Dabei scheint er ein paar Tränen zu vergießen, die er sich nicht anmerken lassen will.

Der Soldat mustert den Jungen, der barfuß in Unterwäsche vor ihm steht.

Soldat

„Du hast gehört, was der Dicke gesagt hat. Dein Vatter
ist hier nicht. Hau jetzt ab."

Doch bevor der Junge loslaufen kann, hält ihn der Soldat mit zweifelnder Mine zurück.

Soldat

„Wer hat dich vom Sport suspendiert; und
warum?"

Dem Jungen ist die Angst in die Augen geschrieben. Er zögert. Weiß nicht, was er sagen soll. Er schaut hilfesuchend an dem dicken Mann hoch. Der versucht, die Situation mit einem Lacher zu retten.

Berliner (eindringlich)

„Ach, Herr Obersturmfeldwebel, dett sieht doch n
Blinder mit'm Krückstock: Der Piefke is doch n Hemd-
chen."

Der Junge scheint verstanden zu haben. Ihm ist erbärmlich kalt, und diese Kälte bringt er, so gut er kann, zum Ausdruck.

Piefke

„Ich schaff das nicht, was die wollen."

Dem Soldaten wird diese Unterhaltung lästig, während der Berliner innerlich eine tiefe Zufriedenheit verspürt. Der Soldat geht einen Schritt zur Seite und schubst den Jungen in Richtung Tor.

Soldat

„Schluss jetzt hier. Ab! Verschwinde, sonst musst du noch Zug fahren."

Ohne sich umzudrehen, geht der Junge los. Richtung Tor. Richtung Ausgang. Nicht zu schnell und nicht zu langsam. Ganz so, wie es der dicke Berliner gesagt hat, der dem Jungen noch eine ganze Zeit nachblickt, wie dieser den Platz hinunter Richtung Tor geht.

Am Tor wird der Junge von zwei weiteren Soldaten angehalten, die ihm mit Gewehren im Anschlag den Weg versperren.

Einer von ihnen spricht den Bub an:

2. Soldat

„Halt! Wo willst du denn hin?"

Innerlich schlottern dem Jungen die Knie und er versucht, sich zusammenzureißen.

Piefke

*„Ich such meinen Vater hier, aber der andere Soldat
hat mich weggeschickt. Oder weißt du, wo mein Vater
ist?"*

Die beiden Soldaten schauen erst verständnislos den Jungen an und
dann gegenseitig sich.

Dem Berliner, der immer noch dem Jungen hinterhersieht, stockt
der Atem, als die Soldaten den Knirps aufhalten.

2. Soldat

„Verschwinde."

Die beiden Soldaten machen dem Jungen den Weg frei. Der Junge
geht durchs Tor die Landstraße entlang, ohne sich umzudrehen.

Der Berliner ist sichtlich erleichtert und wird gleich darauf in Richtung Zug geschubst. Dabei fällt sein Blick auf die Zeichnung des
Jungen auf dem Boden mit der Sonne, dem Mond und den vielen
kleinen Sternen.

Das fällt einem weiteren Soldaten auf, und auch er sieht die Zeichnung auf dem Boden. Der Soldat schaut den Berliner an, der glücklich zu sein scheint, ergeben schmunzelt und seinen Blick immer
noch nicht von der Zeichnung des Jungen nehmen kann. Dem
Soldaten passt das gar nicht. Mit seinen Stiefeln versucht er, die
Zeichnung wegzuwischen und schubst den Berliner ein Stück weiter
Richtung Zug.

Man sieht den Jungen von hinten die Straße entlang gehen.

Immer weiter.

Dazu summt der Junge, etwas gebrochen und mehr schlecht als recht, im Takt seiner Schritte, und vor allem, um sich Mut zu machen:

Laterne, Laterne. Sonne, Mond und Sterne …

Dieser bisher ungedrehte Kurz-Film, der ursprünglich Teil eines Episoden-Films werden sollte, aus dem auch bisher nichts geworden ist, ist eine Story, die mir mein Vater vor Jahren erzählte und aus der ich dann eine Film-Episode machte.

Mein Vater erzählte sie damals wesentlich sachlicher, und es sollte mir als Information über ihn und seine Erlebnisse in der Nazi-Zeit dienen. Ob und wie es sich verhalten hatte, weiß nur der, der dabei war. Für alle anderen sollte es, vor allem eine Geschichte sein. Eine Story, welche das Groteske in dieser absurden Zeit beschreibt.

Als Geschichte ist dieses Erlebnis eindrucksvoller und erreicht das Herz derer, die sie erleben. Ob die Fakten stimmen und es genau so war, tritt bei einer Story in den Hintergrund. Wie dem auch sei. Mein Vater hatte mit seiner Geschichte meine Seele erreicht, und das wiederum reichte damals schon, um mich für diese Zeit mit ihren Gräueltaten zu sensibilisieren.

Piefke s/w

Die neue Normalität ...

„Ich muss Sie mal was fragen", rief mir eine bekannte männliche Stimme auf dem Flur der Klinik hinterher. Ich stoppte und machte eine 180° Wendung. Lange Klinikflure eignen sich ausgesprochen gut, um die Fahrpraxis mit dem E-Rollstuhl zu erhöhen; besonders an ruhigen Nachmittagen. Wahrscheinlich legte ich eine recht ansehnliche „Powerhalse" hin, da ich die Flure der Klinik schon recht gut kannte. Über 13 Jahre komme ich schon hierher und immer wieder. Ich sah in das leicht müde Gesicht eines Arztes. Genauer gesagt, eines Neurologen. Flurgespräche waren neben seiner medizinischen Profession eine seiner Leidenschaften.

Eigentlich ziemlich clever, dachte ich. Da man quasi im Vorbeigehen ist, beschränkt man solche Gespräche auf das Nötigste.

„Sie hatten doch letztens in einem Nebensatz gesagt, dass jetzt mal die Gesunden sehen, wie's uns MS-lern das ganze Jahr so geht; von wegen Lockdown und Einschränkungen. Die Klinik macht einmal im Monat so ein Online-Seminar, und ich soll das übernächste machen. Darf ich Ihren Satz verwenden? Mein Thema wird die neue Normalität sein?" Ich nickte zustimmend, und wir beide bewegten uns in entgegengesetzte Richtungen.

Was ist normal, und was heißt unter pandemischen Zeiten Normalität oder „neue Normalität"? Ich las mal den Spruch: „You can be bold, light or italic, but never be regular!"

Vor einigen Minuten saß ich mit Danielle mit einer Zigarette auf der Terrasse, und eine Nachbarin sprach mit uns über die allgemeine Situation und dass es doch ein Segen sei, wenn man geimpft ist. Das gebe einem so ein großes Stück Normalität zurück. Und sie könnte uns jetzt viel besser verstehen.

Doch ist normal gut? Ist die bisherige Normalität richtig?

Wie sieht denn die NEUE NORMALITÄT aus?

Wie wäre es, wenn wir alle diese vermaledeite Corona-Zeit mit den vielen Einschränkungen, mit der vielen Zeit, die wir hatten und haben, nutzen, um über uns und so vieles nachzudenken; man könnte es auch als umfangreiches Brainstorming ansehen, wobei man einen Extrakt aus allen wirklich guten Ideen nimmt und umsetzt. Denn dass sich unsere Welt verändert und wir uns verändern müssen, steht außer Frage.

Es ist eine sehr spannende Zeit, wie ich finde. Der Status Quo wird zwangsläufig in Frage gestellt. Und man stellt fest, dass Traditionen und das Bewährte genauso wenig funktionieren wie die bisherigen Systeme.

Viel rolle ich in diesen Tagen nicht durch die Gegend. Warum auch, es gibt weder Grund noch Ziel – wenn ich von Terminen und Einkäufen absehe. Erst war es als Ganz-Jahres-Cabrio-Fahrer nicht sehr gemütlich, und die Covid-Einschränkungen taten dann ihr Übriges. Jetzt kommt zweitens die Diskussion über die Frage hinzu, wie man aus dem Lockdown wieder rauskommt.

Viel wichtiger ist meiner Meinung nach: Wie geht es dann weiter?

Corona-Krise, Klima-Krise, Finanz-Krise, soziale Krise usw. Viele gute, neue Ideen und Konzepte sind mir in dieser Zeit begegnet. Da ist eine Suchmaschine, die Bäume pflanzt, anstelle den Unternehmensgewinn zu maximieren. Da entsteht gerade eine neue Unternehmensform, das sogenannte Purpose-Unternehmen, welches den Unternehmenssinn an erste Stelle stellt und Mitarbeiter/innen in die Verantwortung mit einbezieht. Unternehmen sind, nach dieser Philosophie, keine Ware mehr, sondern bleiben dauerhaft Eigentum der Mitarbeiter/innen und des Unternehmens selbst. Sozialökonomie ist hier das Stichwort. Der größte Teil der Gewinne kommt einem gemeinnützigen Zweck zu.

Auch denkt man über Änderungen und Reformen des Arbeits- und Sozial-Marktes nach, und es verwundert nicht mehr, wenn scheinbar Unerfahrene Verantwortung übernehmen und den Status Quo in Frage stellen.

Will man dann noch zu „allem zurück, so wie es vorher war"?

Es ist eigentlich, wie so oft, ganz einfach, wie bei der Advertising-Formel KISS. Mach der Welt klar, dass es cool und hip ist, Bahn, Fahrrad oder Car-Sharing, E-Autos oder Video-Konferenzen zu nutzen; dass es andere Statussymbole als die bisherigen gibt und die Maxime „schneller, höher, weiter" nicht mehr gilt.

„Ist das Kunst?"

Was ist Kunst?

Vor nicht allzu langer Zeit fragte mich ein guter, langjähriger Freund: „Was ist Kunst?"

Ich überlegte, fuhr mit meinem Rollstuhl in die kühle Frühlingssonne und wieder zurück, weil ich keine Zigaretten dabei hatte. Ich dachte über die Frage nach, und als ich wieder draußen unter dem Sonnenschirm saß, wusste ich eine Antwort auf diese oft gestellte Frage, auch wenn sie mir noch nie jemand gestellt hatte.

„Kunst ist, aus meiner Sicht, visualisierte Gedanken und Gefühle in einer Form seiner Wahl umzusetzen."

Ich war zufrieden mit meiner Antwort auf die Frage, die mir der Freund gestellt hatte, und zündete mir die Zigarette an.

Genauso ist es mit der Musik oder dem Schreiben. Mit dem Filmen und mit dem Geschichtenerzählen. Und Kunst ist noch so viel mehr.

Film-Szene: Etwas gelangweilt nimmt ein etwa zehnjähriger Junge in einem Museum auf einer schlichten Holzbank Platz, die gegenüber einem großformatigen Bild steht. Sein Onkel bedeutet ihm mit der Hand, still sitzend zu warten. Der Junge schaut seinem Onkel hinterher, bis er ums Eck verschwunden ist. Der Junge versucht, sich auf der Bank bequem hinzusetzen, dabei fällt sein Blick auf ein kleineres Bild in dem Raum. Es zeigt eine junge Frau mit traurigem Blick. Es sieht für den Jungen aus, als sei das Bild ein verwackeltes Foto der schönen, traurigen Frau, die gedankenvoll zu Boden blickt. Lange schaut der Junge das Bild der Frau an. Erst überlegt er, wohin die Frau schaut, warum sie so traurig ist. Dann hat er es: Die Frau schaut auf die letzten Zeilen eines Briefes ihrer Tochter. Die letzten

Zeilen enden mit den Worten: „… und deshalb danke ich dir, dass du mich zu der gemacht hast, die ich bin."

Der Junge denkt weiter und fragt sich, wie sie denn wohl war?

Eine Besuchsgruppe kommt in den Raum des Museums. Es wird recht laut und der Junge verliert seinen Bilder-Gedanken. Der Museumsführer spult seinen Vortrag zu dem Raum und zu den Bildern ab. Das Ganze wirkt auf den Jungen störend und er sucht seine Ruhe in einem anderen Museumsraum. Er läuft durch die Gänge und Räume, welche die unterschiedlichsten Bilder zeigen, doch alle haben eines gemeinsam. Es sind alles Bilder schlecht fotografierter Portraits, die auf der anderen Seite aber eine Seele haben und Geschichten erzählen.

Der Junge gesteht sich ein, als er schon viele Räume mit Bildern durchgangen hat, dass er sich verlaufen hat und beschließt, im Treppenhaus des Museums auf seinen Onkel zu warten. Auch das Treppenhaus zeigt Bilder. Bilder, die sehr viel pompöser sind, denkt sich der Junge. Eine Frau kommt ihm die Stufen hinauf entgegen. An ihrer Hand hält sie die Hand eines Mädchens. „Ob das wohl die Frau auf dem Bild ist und die Tochter?", denkt sich der Junge.

Kunst hat einen großen zusätzlichen Wert. In der Welt der Reklame nennt man das Added Value. Kunst inspiriert und lässt den Konsumenten zum Produzenten werden. Und so ist auch das Leben. Wir füllen unseren Kopf und unser Herz mit Eindrücken, Erlebnissen, Erfahrungen und Gedanken. Wir verarbeiten diese, oder auch nicht. Und dann werden diese zu Einstellungen. Zu einer Haltung. Zu einem Werte-Kodex. Manches Mal wollen diese wieder raus aus einem. In Form von Kunst, oder sie fließen ein ins Leben, in die Arbeit, ins Private. In jedem Fall erweitern diese Eindrücke, Gedanken und Ideen den Horizont und lassen uns einen weiteren, umfassenderen Blick einnehmen, ob das Erfahrene und Erlebte nun persönlich, positiv oder negativ zu sein scheint.

Ganz zufrieden mit meinem Gedanken rollte ich wieder nach innen.

Wie könnte ich es schaffen, dass mehr Leidensgenossen auch ihre Zuversicht und ihren Mut aus solchen Gedanken schöpfen?

Black Fly in Chardonnay

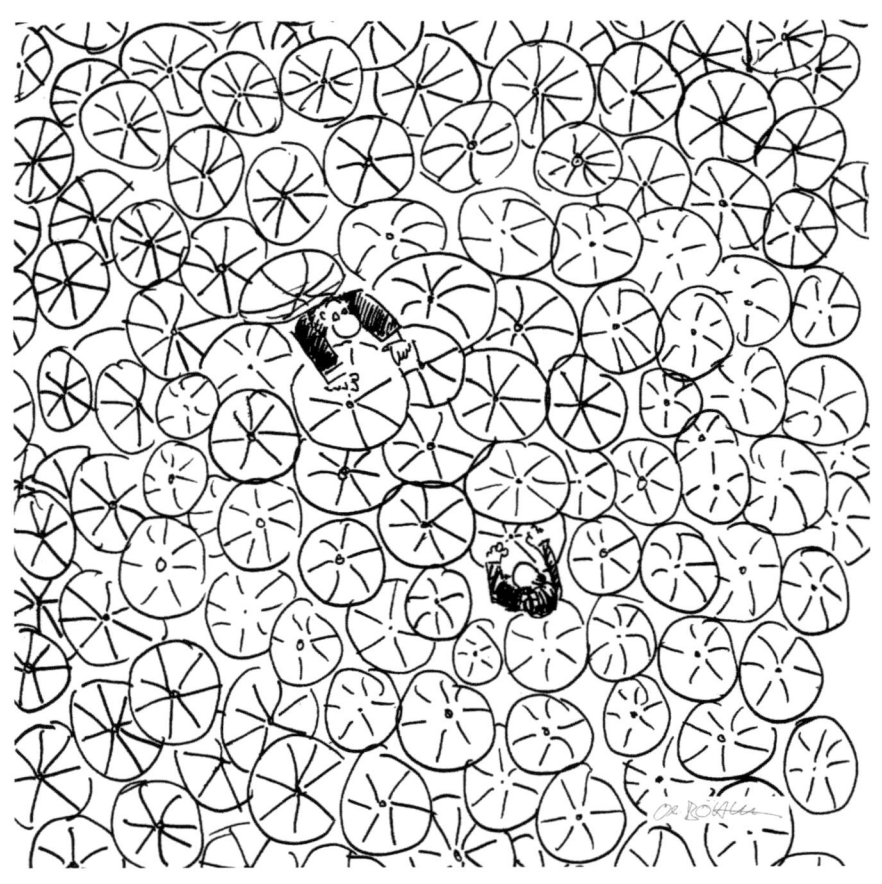

Schirmromantik

Meine Top Ten Sterne im Kopf.

Ich hatte am Vorabend das Buch „High Fidelity" mal wieder in der, wie ich finde, sehr gelungenen Verfilmung mit John Cusack gesehen, bei dem auch Lisa Bonet und Jack Black mitspielten. Ausgesprochen guter Film, meiner Meinung nach.

Wie dem auch sei. In dem Film geht es immer wieder um die Top 5, oder um die Top 10 der Hauptfigur.

Im Laufe meiner so genannten MS-Karriere habe ich mich und einige andere mit der MS „Gesegneten" gefragt, welche denn ihre Top Ten ihrer MS-Symptome sind. Alle, inklusive mir gaben zunächst einmal Symptome an, die ein Außenstehender nicht sieht. Die unsichtbaren Symptome also. Daraus entstand eine, meine, sehr subjektive Top Ten der Sterne im Kopf.

Sterne im Kopf deshalb, weil das MRT-Bild meines Schädels bei der ersten Aufnahme, die von ihm gemacht wurde, und die mir damals ein auf mich merkwürdig wirkender Neurologe zeigte, um mir klar zu machen, dass ich auch an MS erkrankt sei. Also, dass diese MRT-Aufnahme meines Schädels viele weiße Löcher aufwies die so aussahen wie Sterne am nächtlichen Himmel.

Übrigens sieht die MS bei fast allen unterschiedlich im MRT aus.

Einige dieser Sterne sind dann verantwortlich dafür, dass man irgendwas nicht mehr so kann wie gewohnt und auch einiges ‚was ein außenstehender Mensch nicht sieht. So zum Beispiel das Laufen. Wenn jemand im Rollstuhl sitzt, sieht jeder: „Ah, der kann nicht laufen." Wenn aber jemand mit MS noch etwas laufen kann, aber einen schwankenden Gang hat, weil er nicht mehr sein Gleichgewicht halten kann, sagt jeder Zweite: „Der ist ja schon besoffen; und das um 10:00 Uhr."

Aus diesem Grund hier meine ganz persönlichen Top Ten MS-Symptome:

Eigentlich ist das kein reines MS-Symptom:
Platz 10: Mitleid ernten.

Es ist so ähnlich, wie wenn man als kleiner Knips schon wieder aus seinen Lieblingsklamotten herausgewachsen ist und wenn überraschend die Tante zu Besuch kommt und sagt: „Ach herrje, der Junge. Schon wieder so groß geworden. Kein Wunder, dass er nix zum Anziehen hat. Da gehen wir gleich mal einkaufen, dass der Junge wieder chic anzusehen ist.

So ist es auch mit der MS. Da sagt ganz emotional die Ex-Freundin, oder der Schulkollege mit einer ganz selbstsicheren Art: „Ach, müh dich nicht ab, das kann ich doch machen. Dass du das nicht mehr kannst ... das mach ich doch gern für dich."

Natürlich. Diese lieben Menschen haben ja recht und es ist furchtbar lieb, dass sie einem MS-ler helfen wollen, aber sie degradieren diesen Menschen in diesem Augenblick zu einem lebendigen Pflegefall. Zu etwas, das sich nicht helfen kann.

Und auch nicht weiß, wie.

Ich weiß, das ist für alle Menschen schwierig, mit der Situation umzugehen. Sowohl für die einen, wie für die anderen. Und wenn ich Gefahr laufe mit Film-Beispielen zu nerven, und wenn ich diesen Film an anderer Stelle schon erwähnte, so ist „Ziemlich beste Freunde" die Benchmark, wie es gehen kann. Denn jede und jeder kann etwas. Respekt ist das Stichwort.

Platz 9: Wortfindungsstörungen, Lallen.

„Der Dings." Viele Menschinnen und Menschen entwickeln, quasi unterirdisch, einen neuen Slang. Ich nenne ihn mal den „Ding-Dialekt", der bei MS-lern weit verbreitet ist. Das ist zumindest meine persönliche Erfahrung. Und ich meine das völlig wertfrei. „Der Ding kommt am Abend noch vorbei." Oder: „Der Film mit der Dings kommt heute Abend im Fernsehen". Um nur zwei Beispiele zu nennen.

Liegt das nun an Wortfindungsstörungen, die durch die Multiple Sklerose hervorgerufen werden, oder ist es ein Symptom, das durch die immer schneller werdende Gesellschaft hervorgerufen wird, oder ist das Gesagte einfach gar nicht so bedeutsam?

Das eben Beschriebene allein ist noch kein MS-Symptom, aber es kann ein Teil sein. Nervig, vor allem für die MS-ler selbst, die sich damit rumschlagen müssen, ist es aber als Teil der Summe an Problemen, um die sich dann ein Logopäde kümmert. Da ist der Ding-Slang noch das Geringste. Richtig blöd wird es, wenn die/der MS-ler beginnt, zu lallen. Das ist besonders für Betroffene echt blöd. Zumal sie es selbst im leichten Stadium gar nicht mitbekommen. Erst wenn ein Kollege beiläufig fragt: „Sag mal, hast du schon gesoffen?", kommt man in eine Rechtfertigungsposition, die selbst nach einem „Freispruch" „Narben" hinterlässt. Gesellschaftliche und Narben auf der Seele.

Noch belastender wird es für alle Beteiligten, wenn sich der/die Betroffene so schlecht artikulieren kann, dass er/sie gar nicht mehr verstanden wird; oder nur nach längerer Praxis.

Ich erinnere mich an eine Stewardess, die ich in der Klinik traf. Eine attraktive Frau. Im ersten Jahr unterhielten wir uns länger, wenn wir uns trafen. Sie saß auch im Rollstuhl. Ab und an sagte sie schon mal: „Der Dings, der, der Doktor." Zudem war sie frisch verliebt. Ebenfalls jemand, der in dieser Klinik ein und aus fuhr. Im dritten Jahr erkannte ich sie kaum wieder. Diese tapfere, junge Braut, bei deren Hochzeit ich sogar eingeladen war. Also, im dritten Jahr saß sie etwas apathisch am Rand des Geschehens, und als ich sie begrüßte, konnte ich sie kaum verstehen; wie den Zimmerkollegen, den ich zu der Zeit in dieser Klinik hatte.

Und mir selbst erging es ja auch so. Blöd war, dass ich es selbst mitbekam, aber nichts dagegen tun konnte.

Ich war mit dem Auto in Italien unterwegs und machte zusammen mit meiner Beifahrerin eine Pause an einem dieser großartigen Auto-Grills, wenn Du weißt, was ich meine. Ich war „austreten" und als ich mich wieder hinters Steuer gesetzt hatte und einige Worte gesprochen waren, wurde ich gefragt, wie viel ich denn getrunken hätte, dass es ja kaum möglich sei in der kurzen Zeit, so wie ich lalle. Aus der Nummer musst du erst mal wieder raus kommen.

Wenn ein MS-ler gegenüber einer Gruppe reden soll oder eine Rede halten muss, oder wenn sie oder er unterrichtet und sich das Auditorium nicht über das Gesagte Gedanken macht, sondern vor allem darüber den Kopf zerbricht, wie viel Grappa die vortragende Persönlichkeit schon intus hat, wird es auch blöd und der Sprecher wird nicht mehr richtig ernst genommen. Glücklicherweise kommt und geht dieses Symptom bei mir immer wieder.

Platz 8: Wetterfühlig, oder Uthoff-Phänomen.

Ich saß am Abend bei einem Italiener, wo ich in der fremden Stadt nach meiner Tätigkeit als Kreativer einer Werbeagentur oft war. Ich saß zu der Zeit noch nicht im Rollstuhl, doch an diesem Abend sollte ich kennenlernen, was es heißt, einen Rollstuhl zu mögen.

Es war ein sehr schwüler, heißer Tag und selbst die Youngsters der Agentur hatten so ihre Probleme, konzentriert und begeistert ihre

Arbeit zu machen. Alle verließen mit einem Lächeln gegen 19 Uhr die Agentur und bewegten sich in einen erholsamen Abend. Da ich nur die Woche über in dieser Stadt zum Arbeiten wohnte, versorgte ich mich in nahegelegenen Restaurants.

Es sei kurz gesagt, dass ich es liebe, den Abend in Restaurants zu verbringen. Das war schon vorher so und das ist auch immer noch so. Nicht, dass ich nicht auch gern gekocht habe – und das nicht mal so schlecht, wie mir immer wieder gesagt wurde. Mittlerweile strengte mich aber schon geraume Zeit das Kochen so an, dass ich später das Essen nicht mehr genießen konnte, weil ich zu fertig dazu war und bin.

Wie dem auch sei, ich war also an diesem heißen, drückenden Abend beim Italiener meiner Wahl und aß dort prosciutto e melone. Dämlicherweise hatte ich an einem Tisch Platz genommen, der unmittelbar neben dem Pizzaofen stand und da ein ordentliches Gewitter seine Vorboten schon in Form von Donner geschickt hatte, blieb ich lieber gleich drinnen.

Nachdem das Gewitter vorbei und ich satt war, zahlte ich und wollte gehen. Doch genau das ging nicht mehr. Ich konnte nicht mal mehr aufstehen. Also rief ich die Kellnerin, zahlte und sagte ihr, dass ich einen Moment sitzen bleiben wolle. Ich dachte, dass diese Schwäche ja sicher bald wieder vorbei sei. Falsch gedacht.

Irgendwann bat ich die Restaurantbelegschaft mich doch bitte in meinem Auto zu meinem Quartier zu bringen. Was dann auch so geschah. Details wären hier fehl am Platze. In jedem Fall lag ich etwas später in meinem Bett des Quartiers. Mir ging es nicht gut. Weder war ich in der Lage, mich aufzuraffen, um eine Entspannungszigarette zu rauchen, noch war ich in der Lage, irgend jemanden zu kontaktieren, denn mein körperlicher Zustand spiegelte sich auch in meinem Sehen wider. Mein Handy klingelte schließlich und da ich, zugegebenermaßen, allmählich Panik bekam, ging ich dran, auch wenn ich gar nicht mehr richtig sehen konnte, wer mich anruft. Nach ebenso panischem Auf-dem Handy-rum-Drücken hatte ich jemanden am Apparat. Noch bevor die Person etwas sagen konnte, sagte ich, dass ich einen Krankenwagen bräuchte.

Es war eine gute Freundin von mir, die wusste, wo ich mich gerade aufhielt. Sie sagte, dass sie sich kümmere und dass ich mir keine Sorgen machen solle.

Die Zeit verging. Es war eine schier endlose Zeit. Irgendwann klopfte es an meiner Apartmenttür.

Als ich wach wurde und mich umsah: „Ja, ich bin in einer Klinik." Es ging mir sehr viel besser und ich ging ins Bad. Als ich frisch wieder raus kam, standen zwei Ärztinnen im Zimmer und fragten mich, wie es mir ginge. „Ungleich besser als gestern Abend. Was war das denn für ein Horror-Trip?", fragte ich in die Runde.

„Sie hatten als MS-ler, wie wir erfahren haben, Bekanntschaft mit dem Uthoff-Phänomen gemacht." Die Fragezeichen schienen mir auf die Stirn geschrieben zu sein, denn noch bevor ich etwas sagen konnte, sagte die Medizinerin: „Bei schwüler Wärme, wie es gestern war, können sich die MS-Symptome verstärken. Und das haben sie wohl am eigenen Leib zu spüren bekommen. Dass es ihnen jetzt wieder besser geht, ist ein weiteres Indiz dafür."

Nach einem weiteren Tag in der Klinik saß ich wieder in der Agentur, die mich wenig später um ein Gespräch bat. Man eröffnete mir, dass sie von einer weiteren Zusammenarbeit absehen möchten.

Das war ein Symptom, das viel schwerer, weil nachhaltig war.

Im Laufe meiner MS-Karriere machte ich bisher noch zwei weitere Male Bekanntschaft damit. Doch die beiden andere Male waren nicht so heftig, da ich das ja nun schon kannte.

Die Lösung dieses Problems für mich: Vermehrt auf den Wetterbericht zu schauen und die Tagesplanung danach auszurichten.

Wenn ich beispielsweise weiß, dass ich übermorgen einen wichtigen Termin habe, dann richte ich meine Kleidung nach dem Wetterbericht aus, versuche mir entsprechend mehr oder weniger für den Tag vorzunehmen, dränge auf eine bestimmte Zeitspanne, esse und trinke entsprechend etc.

Platz 7: Schluck-Probleme.

Auch wenn ich selbst damit bisher, Gott sei Dank, noch keine Bekanntschaft machen musste, sind Schluckbeschwerden eine häufige Todesursache von MS-Erkrankten. Sie ersticken einfach, da sich Spastiken und Lähmungen auch im Mund-Rachen-Raum ergeben können. Und ich habe einen Heiden-Respekt davor.

Platz 6: Depressive Stimmungen.

Es brachten und bringen sich mehr MS-ler um als Normale. Taucht man etwas tiefer in die Welt der MS und der Malerinnen und MS-ler ein begegnen einem bald schon Suizidgeschichten. Diese kommen natürlich in den Hochglanzbroschüren der MS-Organisationen nicht vor. Wahrscheinlich aus gutem Grund.

Neben den körperlichen und geistigen Problemen, die MS-ler an sich selbst erfahren, sind es Zukunftsängste, Hilflosigkeit oder Orientierungslosigkeit, weil das Selbstbild zusammenzubrechen scheint, Gründe die manch einen glauben lassen, dass das Leben keinen Sinn mehr hat. Daneben spielen auch Veränderungen im Hirn eine nicht zu unterschätzende Rolle, in eine depressive Stimmung zu kommen.

Was mich betrifft, wirken Konfrontationen mit ungleich heftigeren MS-Verläufen wesentlich stärker, nochmals darüber nachzudenken,

ob man eine Überdosis Tavor mit Rotwein in der warmen Bade-
wanne einnimmt oder nicht.

Richtig blöd wird es nämlich erst, wenn ein MS-ler gar nicht mehr
in der Lage ist, sich den Schalter umzulegen. Solche Menschen
kämpfen verzweifelt vor Gerichten darum, dass ihnen geholfen werden darf, sich in Würde das Leben zu nehmen.

Für depressive Stimmungen gibt es allerlei „Happy-Pills". Die helfen
und gönnen der Seele etwas Urlaub. Das ist meine subjektive Einstellung dazu.

Ich weiß – eine Art Tabu-Thema.

Ich persönlich glaube, dass Menschen mit MS sehr sensibel sind,
mehr als andere vielleicht. Vielleicht ist es ja auch so, dass sie ihre
Sensibilität in sich hineinfressen, was es insgesamt nicht besser
macht.

**Platz 5: Die Angst vor einer Art Alzheimer. Oder wird man wirk-
lich blöde?**

Wenn man mit 40 Jahren sein Telefon in den Kühlschrank räumt,
oder sich am Kopf kratzen will und kratzt sich den Ellenbogen.
Wenn ein langes, intensives Geschäftsmeeting vorbei geht und sich
alle erleichtert im Flur verabschieden, man mit dem Lift nach unten
fährt und sich auf der Straße erstaunt fragt, in welcher Stadt man
überhaupt ist und warum? Dann bekommt der Titel: „Wer bin ich,
und wenn ja, wie viele" eine andere Couleur.

Man fragt sich: „Werd ich blöd, oder bin ich es schon?", wenn
anderem einem Flüchtigkeitsfehler vermehrt aufs Butterbrot strei-
chen und sich darüber lustig machen, weil sie es ja auch nicht besser
wissen können.

Oder wenn man in einer Fachklinik ist und einem die wirklich schweren Fälle bewusst gemacht werden, weil sie einfach da sind und so sind, wie sie sind, dann kommt man ins Grübeln und fragt sich: „Werd ich auch so, oder bin ich es schon?"

Es herrscht die überwiegende Meinung, dass MS zu einem Teil genetische Ursachen hat und Umwelteinflüsse eine Rolle spielen. Auch wenn keiner so recht sagen will oder kann, welche.

Eine gewisse Befürchtung, auch so zu werden wie ein Insasse in dem Super-Film „Einer flog übers Kuckucksnest" bleibt: zumindest mir.

Platz 4: Koordinationsdefizite.

Sicher, manches Mal lässt man etwas fallen, oder greift daneben. Manches Mal nimmt der eine oder die andere Dinge haptisch nicht gleich wahr, oder lässt Dinge los, obwohl es besser wäre, sie noch so lange festzuhalten, bis sie an Ort und Stelle sind. Auch daneben greifen ist nicht so außergewöhnlich. Richtig blöd wird es aber, wenn ständig so etwas passiert. Wenn man irgendwann nur noch eine Tasse mit Griff im Schrank hat. Und richtig scheiße ist es, wenn jemand beruflich zeichnen muss und die Einzelteile eines Gesichts nicht mehr an Ort oder Stelle zeichnet. Wenn der Mund ganz unten auf das Papier platziert wird und das Ohr direkt daneben. Das mag zwar eine spannende surrealistische Zeichnung ergeben, doch wenn der Kreateur eigentlich nur eine weitere Ansicht einer Figur darstellen will, die einem bestimmten Maskottchen entspricht, ist das ein Fuck-up und der Kreateur berufsunfähig.

Oder ganz profan: das möglichst gerechte Teilen einer Scheibe Brot. So mancher MS-ler verzweifelt schier an dieser Aufgabe. Auch wenn es zu einer sehr ermüdenden Tätigkeit wird, seinen Absender auf einen Briefumschlag zu schreiben und man danach erst einmal eine halbe Stunde Pause braucht, ist das ätzend. Richtig einzuschätzen, wie hoch der Sitz ist, auf dem man sich niederlassen will oder sich seinen Einkaufsweg im Supermarkt möglichst zeitsparend zu planen, den man schon einige Jahre gelaufen ist. Das alles sind Handicaps, die mit einer MS auftreten können und die im Alltäglichen brutal nerven. Einige, wie ich auch, versuchen Kompensationskompetenzen zu entwickeln, um sich das Leben zu vereinfachen. Die einen schreiben sich ihren Einkaufszettel im Vorfeld mit dem Computer und schauen sich die Regalgondeln des Supermarktes auf Google an. Digitalisierung sei Dank!

Platz 3: Sexuell, Mmpff … und die Sache mit Blase und Darm.

Schwieriges Thema. Also für mich schwierig, darüber zu schreiben. Also insbesondere über die sexuellen Themen. Deshalb sag ich mal: Alles geht, nur anders. Auch hier ist in erster Linie Fantasie der beste Berater. Und für den Rest hält die Industrie diverse Lösungsmöglichkeiten zu diesem Problembereich parat. Offenheit und Vertrauen sind entscheidend. Und doch ist es auf Platz 3.

Denn da ist noch die Sache mit Blase und Darm. Rund die Hälfte aller MS-Erkrankten haben mit Blasen- und/oder Darm-Problemen zu kämpfen. Und zwar geschlechtsunabhängig. Sei es der Verlust über die Kontrolle, oder der Verhalt. Beides nicht schön, beides degradierend und unwürdig. Beides ein Problem, das das Leben nicht lebenswert werden lässt. Und dann kommen in Deutschland noch ungeeignete Toiletten hinzu. In kaum einem anderen westlichen Land gibt es so wenig barrierefreie Toiletten wie in Deutschland. In den meisten Hotels mit mindestens 100 Betten gibt es vielleicht 2 barrierefreie WCs. Und eine MS-lerin und ein MS-ler müssen nun mal manches Mal sehr plötzlich. Es ist ziemlich unwürdig, auch wenn die Pharmaindustrie viele Mittel und Hilfsmittel parat hält.

Kurze Anekdote dazu:
Ich hatte gerade dauerhaft im Rolli platzgenommen und fuhr mit der Bahn zu einer Tagung, auf der ich etwas vortragen sollte. Ich

rollerte also von meinem Schreibtisch zum Bahnhof, um dort direkt über eine Verladerampe in den Zug zu kommen und dort wiederum auf die ICE-Bord-Toilette zu fahren. Der Plan war gut, doch die Bahn hatte dreißig Minuten Verspätung. Egal, dachte ich, und fuhr in Richtung Rollstuhl-WC. Bisher hatte ich diesen Ort noch nicht aufgesucht und stellte schnell fest, dass ich dazu einen speziellen Schlüssel gebraucht hätte. Unglücklicherweise stand nirgendwo geschrieben, wo dieser Schlüssel erhältlich ist. Also fuhr ich schon etwas schneller zur Information der Bahn. Dort teilte mir ein Herr mit: „Den musst du bei der Stadt beantragen. Wenn du das Antragsformular von denen bekommen und ausgefüllt hast, schickst du das zusammen mit einer beglaubigten Kopie deines Schwerbehindertenausweises zurück und legst 20 Euro bei, dann bekommst du den Schlüssel." „So lange kann ich jetzt aber nicht warten." „Dann warte. Du siehst ja, was hier los ist." Außer mir war keiner an den Schaltern im Bahnhof. Ich musste wohl ungläubig genickt haben, weil gleich eine Kollegin des Bahn-Menschen neben ihm, die hinter einem geschlossenen Schalter saß und ihr Brot aß, aufsprang, aus ihrem Kabuff kam und mich beorderte zu folgen. Sie schloss mir das Rolli-WC auf und ließ mich gewähren.

Den 2. Platz vergebe ich an die Seh-Schwierigkeiten.

Probleme mit dem Sehen sind bei MS sehr verbreitet und treten bei sehr vielen auf. Und das sehr unterschiedlich. Die eine kann plötzlich gar nichts mehr sehen und das Augenlicht kommt erst nach Wochen oder Monaten zurück. Die anderen haben nur noch eine Sehfähigkeit von 2 %. Und andere sehen alles verschwommen, oder wie durch einen Schleier. Durch diese und andere Einschränkungen ist das Lesen und das Schreiben sehr anstrengend.

Oder es bilden sich Doppelbilder und Punkte im Blick, die einem das Sehen erschweren, so als hätte man in die Sonne geschaut, sieht dann woanders hin und sieht partiell nichts mehr. Auch dafür hält der Chemiekasten des Neurologen einiges parat. Anstrengungen und das Wetter können bei der einen oder anderen das Problem verstärken.

Da ich nun aus Leidenschaft, Berufung und meinem Können auf das Sehen angewiesen bin, ist dieses Handicap bei meiner ganz persönlichen Top Ten Liste auf Nr. 2.

Meine Nr. 1 belegt die plötzliche Schwäche (Fatigue) verbunden mit dem Verlust des Gleichgewichts.

Bei einigen Multiple Sklerose-Erkrankten bildet sich dieses Symptom von allein, durch Training oder Medikation zurück, oder es bleibt auf einer Stufe stehen. Bei vielen, wie auch bei mir, endet der Weg im Rollstuhl.

Es fing gemeinsam mit meiner lallenden Sprache an, was für Außenstehende erst recht den Eindruck einer besoffenen Person erweckt. Irgendwann kam der Gehstock dazu. Der half nicht nur beim Laufen, er half auch als visuelle Erklärung gegenüber Außenstehenden. Irgendwann half das alles nicht mehr. Ein Rollator musste her, aber ganz ehrlich, ein Typ am Rollator geht optisch gar nicht(meine Meinung). Aus diesem Grund hab ich mich so lang dahin geschleppt, bis es überhaupt nicht mehr ging und ich einen E-Rollstuhl beantragen konnte, ohne eine Ablehnung des Medizinischen Dienstes riskieren zu müssen. Die hohe Anzahl an Ablehnungen vom MDK (Medizinischer Dienst der Krankenkassen) kann einen Betroffenen schon in die Depression treiben, da die Entscheidungen und Begutachtungen soooo subjektiv sind. Da bekommt die eine Frau, die noch etwas laufen kann, aber in einer Sozialwohnung für 600 Euro im Erdgeschoss wohnt, den Pflegegrad 3, während der Typ, der in einem Ein-Zimmer-Apartment wohnt und 500 Euro zahlt, aber gar nicht mehr laufen kann, nicht mal Pflegegrad 1, sie Grad 3 und er Grad 0. Unterschied? Allenfalls unterschiedliche Bundesländer und natürlich das Geschlecht.

Ich lernte bei einem Klinikaufenthalt einen älteren Herrn im Rollstuhl kennen, der sich nur rückwärts fortbewegen konnte, indem er seine Füße nutzte, um sich rückwärts fortzubewegen, weil er seine Arme nicht mehr so recht nutzen konnte.

Ich fragte ihn, warum er sich denn keinen E-Rollstuhl verschreiben lassen würde. Er lachte etwas verzweifelt und antwortete, dass er privat krankenversichert sei und ihm kein höherer Pflegegrad genehmigt worden sei. Er hätte auch schon mit seiner Kasse gesprochen, aber er hatte eine REHA bekommen. Das hätte seine Kulanz aufgebraucht.

Also: Krankenkasse, Sanitätshaus, Medizinischer Dienst, Arzt und Wetter sind die Entscheider, warum die eine eine Hilfe bekommt und der andere nicht, obwohl beide das Gleiche in gleicher Intensität zu Personen macht, die auf Hilfe und Hilfsmittel angewiesen sind. Noch ein kleines Beispiel: Der eine bekommt, warum auch immer einen Super E-Rollstuhl, die andere mit gleicher Symptomatik erhält von ihrer Kasse auch einen E-Rollstuhl, der aber auf Grund seiner Konstruktion so laut ist, dass die Frau ihn nicht nutzen kann, da sie Kopfschmerzen von der Fahrt in diesem Rollstuhl bekommt, und sie den Verkehr und die Umgebung nicht wahrnehmen kann.

Neben dem mangelnden Gleichgewicht ist auch die plötzliche Erschöpfung ein Grund, warum sich ein MS-ler in einen Rollstuhl begibt. Je nach Tagesform können MS-ler tausend Meter am Stück laufen und in anderen Situationen vielleicht nur fünfzehn. Das kann an der plötzlichen Erschöpfung liegen oder/und an auftretenden Schmerzen etc. Und das noch kombiniert mit der Überkonzentration, die aufgewendet werden muss, um nicht hinzufallen.

Laut einer Studie der „Aktion Mensch" liegen auf Platz 1 der Barrieren für Gehandicapte die Ämter und Behörden. Anträge, Verfahren und Beweispflicht lassen die Hilfesuchenden schon verzweifeln, bevor ihnen Hilfe gewährt wird.

Auf Platz 2 und 3 stehen Barrieren. Es sind die den öffentlichen Raum betreffende und die Barrieren im Kopf im Bezug auf den Arbeitsmarkt.

Im Artikel 27 der UN-Behindertenrechtskonventionen steht ganz klar, dass AUCH Menschen mit Behinderung ihre Arbeit frei wählen können und dass sie mit dem Rest der Bevölkerung gleichgestellt sind. Es gibt ja in Politik und Gesellschaft durchaus Überlegungen, Menschen ab Behindertengrad X dauerhaft in Einrichtungen zu verbringen. Welche Auswirkungen in Bezug auf die Freiheit dieses Menschen das haben kann, hat man in den Lockdowns während der Corona-Krise gesehen. Da werden schnell Menschen „zu ihrem eigenen Schutz" weggesperrt, in eine Art Isolationshaft.

Den Grand Prix erhält aber der Schmerz!

Der Schmerz ist auf unterschiedlichste Art ständiger Begleiter der Menschen mit Multipler Sklerose und erhält deshalb von mir den Sonderpreis. Ich weiß, dass diese Top Ten eine sehr subjektive Zusammenstellung sind, und ein Ranking ist ja immer ein subjektives.

Der naheliegendste ist der körperliche Schmerz und viele Menschen, die chronisch erkrankt sind, haben körperliche Schmerzen. Ich zum Beispiel – und es geht hier nicht darum, Mitleid zu ernten –, kann mit einer Art Orchester des Schmerzes aufwarten. Da sind die Schmerzen, die Spastiken hervorrufen. Man kann sich diesen Schmerz wie so eine Art Wadenkrampfschmerz vorstellen, nur dass er nicht nur die Wade betreffen kann. Er zeigt sich manchmal im Arm, im Bein, im Hals, oder im Fuß; beispielsweise. Er taucht plötzlich auf, bleibt eine kurze Zeit und verschwindet wieder. Wie bei einem Wadenkrampf. Gegen den kann man mit Magnesium arbeiten. Blöd, wenn der Magen Magnesium aber nicht verträgt. Ebenso können starke Kopf- und Augen-Schmerzen auftreten. Mal ziehende, mal pochende und mal drückende. Gern genommen werden auch

Überlastungsschmerzen. Meist ein Brennen. Also, wenn man sechs oder sieben Stunden am Stück sitzt, falls es denn die Blase hergibt.

Sommer

Ohne Worte

Purpose.

Next wurde 1985 von Steve Jobs nach dessen „Rauswurf" bei Apple gegründet. Nachdem Jobs von Apple zurückgeholt wurde, flossen die NEXT-Innovationen bei Apple ein.

Die Purpose-Company-Philosophie lebt also in einem Unternehmen mit Sinnhaftigkeit, dessen Unternehmenssinn nicht nach dem „Schneller, Höher, Weiter"-Prinzip operiert, sondern mehr zum Selbstzweck im positiven Sinn agiert. Dieses führte ein sehr guter Freund, der in diesem Buch des Öfteren erwähnt wird. Wir machten uns über Wochen Gedanken am Telefon, inwieweit das Internet in seiner jetzigen Form nach dem Purpose-Prinzip neugestaltet werden könnte. Denn die Hyper-Kommerzialisierung des Internet geht allen auf den Sack, egal ob man einen hat oder nicht. Mal angenommen, es gäbe so eine Art InterNext, die in einem geschlossenen System agiert. Das heißt, jeder Nutzer zahlt einen monatlichen Beitrag von 2 Euro beispielsweise und bekommt damit einen Key, der ihm das Surfen ohne Werbung und Spam ermöglicht.

Inklusive Ecosia-Zugang. Ecosia ist eine Purpose-Suchmaschine, die anstelle von Gewinn und steigenden Aktienkursen Bäume pflanzt. Jede sonst gewinnbringende Suchanfrage ist ein neu gepflanzter Baum. Also eine gemeinnützige Suchmaschine, die Bäume pflanzt, sobald die Eigenkosten gedeckt sind.

Was wäre dann? Würde das Surfen im Netz dann langweiliger? Hätte man Angst, etwas zu verpassen?

Magazine, Zeitschriften und auch YouTube-Beiträge könnten auch dann stattfinden, nur ohne Werbeunterbrechung. Denn die Medien könnten pro Klick trotzdem Geld verdienen, wenn ihre Kosten gedeckt wären. Oder sie könnten auch ab dem „break even" etwas Gutes tun, wie Bäume pflanzen; oder sie könnten dazu beitragen, diesen Planeten zu einem besseren Platz zu machen. – Nur so als Gedanke.

Ich weiß schon, das Bezahlfernsehen kränkelt und selbst Netflix …

Doch mach mal das Gedankenexperiment. Rory Sutherland, ein cleverer Werbefachmann, schlug einmal während eines Vortrages bei TED vor, auch darüber nachzudenken, wie es sein würde, wenn die Autobahngebühren einem guten Zweck zukämen, wenn man die schnelle Spur auf der Autobahn nutzt.

Vielleicht könnte dieses Purpose-Konzept ja auch auf ganz andere Bereiche übertragen werden. Das Gesundheitssystem und die Form, wie generell Steuern eingenommen, vielleicht zweckgebunden und vom Staat verwaltet werden könnten. Und wenn der eine Bereich einen Überschuss einnimmt, kann es DANN für einen defizitären Bereich eingesetzt werden.

Eine überaus inspirierende Gedankenwelt. Okay, die Börse schaut in diesem Konstrukt in die Röhre; vielleicht aber auch nicht. Beispielsweise ließe sich ja auch eine Art Stufenplan einbauen, nach dem, sobald ein Gewinn erwirtschaftet würde, ein bestimmter Teil in den Sinnzweck, ein weiterer Teil in Boni aller Mitarbeiter des Unternehmens und ein letzter Teil in Neuinvestitionen gesteckt würde. Das Hauptproblem für neue Konzepte ist jedoch, dass die bestehenden Rechtsformen für Unternehmen aus dem 19. Jahrhundert stammen und seither nicht geändert wurden.

Und wenn ich schon dabei bin: Interessanterweise hat die Künstlersozialkasse ein Konzept, das durchaus auf weitere Bereiche von Kleinunternehmen übertragbar wäre, oder zumindest als Inspiration gelten könnte. Die Künstlersozialkasse richtet sich nach dem Gewinn. Ein Drittel zahlt der Versicherte, ein weiteres Drittel übernehmen die Auftraggeber und das dritte Drittel trägt der Staat bzw. die Rentenversicherungsgesellschaft.

Warum soll diese Regelung den Künstlern vorbehalten sein? Ein selbstständiger Kurierdienstfahrer oder eine selbstständige Hebamme, um nur zwei Beispiele zu nennen, könnten nach einem ähnlichen Prinzip berechnet werden. Vorteil: Alle zahlen in die Rentenversicherung ein und erhalten auch eine Rente. Als Steuerungssystem können über eine solche Sozialkasse auch Beiträge berufsgruppenspezifisch evaluiert werden.

Talkshow

Europa.

Gestaltende Kreative machen etwas und setzen sich gerne für Dinge ein, die der Allgemeinheit und vor allem ihnen etwas Gutes bringen … Damit meine ich nicht in erster Linie Geld. Ich meine damit Dinge, Bilder, Fotos, Filme, etwas Geschriebenes und etwas Öffentliches. Sie haben Ideen für Kampagnen, für Bücher und für Bilder zu einem Thema, das aktuell ist. Diese Ideen entstehen ganz ohne ein Briefing, ganz ohne einen konkreten Auftrag.

Vor einiger Zeit sprach ich mit einem Freund. Wir kamen in dem Gespräch recht schnell überein, dass es mehr als gut wäre, wenn Europa etwas für sein Image tut. Eine Image-Kampagne. Das komplette Programm. Filme, Anzeigen, Plakate, PR etc. Ich rollte mit meinem E-Rollstuhl meiner Wege und wie solche Gespräche häufig enden: „Ja, da müssen wir unbedingt was machen!" weiter.

Monate später rollte ich in Richtung meines Abfahrt-Gleises in der Multi-Kulti-Stadt schlechthin. Das Gespräch mit dem befreundeten Kameramann kam mir wieder in den Kopf. Wir hatten im Laufe der Jahre schon einige „Absacker" in Hotelbars Europas genossen und viele TV-Commercials in den unterschiedlichsten Ländern, für die unterschiedlichsten Märkte erdacht, gedreht und erfolgreich abgeliefert.

Ich sah mich auf dem Bahnhof um und mir fielen spontan verschiedene Geschichten über Europa und die Menschen auf diesem Kontinent und auf diesem Bahnsteig ein.

Vielfalt, unterschiedliche Meinungen, viele Schicksale und massig Potenzial, das nicht in den Köpfen dieser Menschen wachsen durfte. Da geht oder rollt man beispielsweise durchs Frankfurter Bahnhofsviertel oder rund um den Münchner Stachus oder über die Mönke-bergstraße in Hamburg und entdeckt eine Vielfalt, die weit über die Vorstellungen hinausgeht. Dies sind alles Menschen einer Gemeinschaft. Oder wenn man mit offenen Augen durch Paris, Rom oder Bukarest fährt/geht.

Andy Warhol soll einmal gesagt haben: „Das Schönste in Tokio ist McDonald's. Das Schönste in Stockholm ist McDonald's. Das Schönste in Florenz ist McDonald's. Peking und Moskau haben noch nichts Schönes." – Gefunden auf: https://www.myzitate.de/andy-warhol/

Dieses ironische Zitat, ich hoffe ich interpretiere es richtig, sagt auf der einen Seite, dass es viel mehr Schönes in Europa gibt als McDonald's und auf der anderen Seite klar macht, dass wir Europäer eine Gemeinschaft sind; trotz eigener Ansichten und Identitäten.

Aus meiner Sicht sind Menschenrechte, Freiheit, Werte, Diversität und freie Grenzen innerhalb Europas neben einem gemeinsamen Finanz- und Wirtschaftssystem die gemeinsamen kleinsten Nenner.

Wir sind alle „Europäer".

Und warum haben wir keinen Europäischen Pass?

Man stelle sich vor: Alle EU-Bürger bekämen unbeantragt irgendwann einen Europäischen Ausweis zugesandt. Einfach so. Würdest du dir nicht Gedanken darüber machen? Würdest du nicht sagen: „Cool, dann will ich aber auch was bewirken in der EU."

Selbstverständlich müsste dieser Ausweis auch als Identitätsnachweis gelten.

„HALLO?"

Eine ältere Frau sitzt auf einer Bank unweit eines kleinen Parks, der sich hinter ihr durch sein frisches Grün über die ersten warmen Frühlingstage freut. In den aufblühenden Ästen geben allerlei Vögel ihren Frühlingsgefühlen durch ihr Singen, Flattern und Hupfen Ausdruck. Die ältere Frau in einem abgetragenen Trenchcoat trägt Pantoffeln. Sie sind genauso abgetragen und durch Fehlhaltungen falsch getragen, wie der Mantel, der den Ernst des Outfits der Frau verdeckt. Mit einem verträumten Blick schaut sie auf die andere Straßenseite. Eine Hauszeile mit gut erhaltenen Altbauten zeichnet die Straßenseite. Ein bisschen wirken die Häuser, überhaupt die ganze Stimmung, wie aus der Zeit gefallen. Die vielen futuristischen Autos am Straßenrand werden vor dem inneren Auge zu Oldtimern, die darauf warten, mit gut gekleideten Menschen zum Leben erweckt zu werden.

Ihr Mobiltelefon gibt einen der Standard-Klingeltöne von sich. Aufgeregt durchsucht die ältere Frau ihre Manteltaschen. Etwas unbeholfen und sichtlich nervös hat sie es schließlich in Händen und betrachtet es, ohne zunächst dran zu gehen. Die Mimik und die Körperhaltung der Frau ändern sich. Sie muss einmal eine sehr, sehr schöne Frau gewesen sein, deren Augen viel Schönes und viel Grausames gesehen hatten.

Ich nahm sie im Vorbeirollen nur kurz wahr, hatte sie aber fortan ständig vor mir. Wenn es sich um Catherine Deneuve gehandelt hätte, ich würde es glauben. Alter und Attraktivität würden passen; nur die Pantoffeln nicht. Sie hatte so eine strahlende Aura um sich, die mich ums Eck in den Park rollen ließ und mich zum Halten brachte. So, dass ich noch hören konnte, was sie sprach.

In der Häuserreihe gegenüber waren fast alle Ladengeschäfte leer; teilweise verwildert oder mit Holzbrettern vernagelt. Im Geschäft, das genau gegenüber der älteren Frau lag, deuteten alte Beschriftungen darauf hin, dass dort wohl einmal eine Kunstgalerie zuhause gewesen war.

„Hallo?", fragte sie in das neuste iPhone in ihrer Hand, nachdem sie es bestimmt vier Mal gedreht hatte, damit sie überhaupt ihr Ohr an den Hörer bzw. umgekehrt halten konnte. „Ja, hallo Arno, … was sagst du? Ja, ich bin hier." Sie sprach mit lauter, wenn auch sehr weicher Stimme, die mich an Ort und Stelle bleiben ließ.

„Ach so, ja du siehst ja nicht, wo ich bin."

Die Pause, die nun entstand, wurde lang, sehr lang. So lang, dass ich nachsah, warum die ältere Frau nichts mehr sagte. Sie starrte nur abwechselnd auf ihr Mobiltelefon und auf die ehemalige Galerie; also das leere Ladengeschäft mit den verbarrikadierten Fensterscheiben.

„Nein, nein ich bin vor der Galerie. Die Vernissage beginnt erst in einer Stunde. Es sind alle so lieb zu mir. Und, ach, die Bilder hängen alle schon …. Ja, ich bin zufrieden. … Und stell dir vor, die Presse kommt auch gleich, hat Frank gesagt."

Irgendwie passt das, was die Frau in ihr Telefon sprach, nicht mit dem überein, was ich sah und gesehen hatte. Es wurde zunehmend fantastisch, dachte ich. Und da ich's ja mit der Fantasie habe, wurde es auch immer spannender. Ich rührte mich nicht vom Fleck.

„Ja, ja. Meine Madonnenbilder sind das Key Visual der Ausstellung … Schade. Ja, ich verstehe … natürlich. So schnell kann man auch nicht mal eben tausend Kilometer überwinden. Ich schick dir ein paar Fotos von der Ausstellung. … Danke! Ja, wünsch mir Glück.

Ne, ich hab mir ein ganz neues Kleid gekauft. In Purpur. Deswegen werd ich mal rein gehen, sonst erkälte ich mich noch. Und dann … der Star mit Grippe. Super!"

Die Frau stand auf, ich drehte mich in ihre Richtung, während sie das Mobiltelefon in ihrem Mantel unterbrachte.

Sie ging. Und ließ mich mit einem Berg Fragezeichen zurück.

Wer war Frank und wer ist Arno? Ihr Sohn? Warum erzählte sie all das? Um sich aufzuwerten?

Ich meine, offensichtlich war so ziemlich nichts von dem, was sie ins Telefon gesagt hatte, wahr.

Letztlich scheint es ihr ja gutgetan zu haben; dem Strahlen in ihrem Gesicht nach dem Telefonat nach zu urteilen.

Ich rollte weiter und die Gedanken in meinem Kopf auch. Ich stellte mir vor, dass diese Dame eine sehr einsame Person ist und den ganzen Tag in ihrer viel zu großen Wohnung die Zimmer wechselt, in der Hoffnung, dass ihr jemand begegnet. Doch da ist keiner. Ihre spärliche Verbindung mit der Welt sind die zwei, drei Telefonate mit ihren Schwestern, die es auch nicht viel besser getroffen haben als sie; und mit ihrem Sohn, der wahrscheinlich in einem anderen Land lebt, weil seine Frau sich mit seiner Mutter vor Jahren so zerstritten hat, dass selbst der gleiche Kontinent zu nah wäre, um gemeinsam auf ihm zu existieren. Also flüchtet sie sich in ihre Fantasiewelten, um wenigstens drei, vier Stunden am Tag glücklich zu sein.

Vielleicht ist es so. Vielleicht auch ganz anders.

Und ich?

Ich bin nicht besser als sie, denn auch ich lege mir die Geschichte von der älteren Frau so zurecht, wie es gut für mich ist. Wie dem auch sei. Selbstwertgefühl ist für einen selbst von sehr hohem Wert. Und wie mit vielen Werten ist es auch bei Selbstwertgefühl so, dass man erst wirklich weiß, wie wertvoll es ist, wenn man keins mehr hat.

Viele chronisch Kranke sagen von sich gegenüber anderen, dass sie nichts mehr wert sind. Gemessen an manch aktuellen Maßstäben mag das auch stimmen. Oft sind es die eigenen Ansprüche, die es einem verbieten, etwas von einem selbst wertzuschätzen.

Für viele Menschen mit Erkrankungen, die ihr Leben einschränken und ihr soziales Umfeld immer kleiner werden lassen, ist das Telefon das Kommunikationsmittel Nummer eins. Durch diesen Apparat ist für viele ein erträgliches Leben überhaupt möglich. Von den Notruf-möglichkeiten mal ganz abgesehen.

Noch scheint die Sonne ein bisschen und ich werde auf die Terrasse rollen und meinen Onkel anrufen. Er war ein begnadeter Grafiker und hatte weit vor Apple großartige Verpackungen entworfen und Erscheinungsbilder gestaltet.

MUT.

Wenn ich mit meinem Rolli so durch die Welt rolle und in Situationen komme, die Mut erfordern, sei es, um von der einen auf die andere Straßenseite zu kommen oder die Höhe des Bordsteins richtig einzuschätzen, sei es, vor einem großen Publikum zu sprechen, oder in einem Gespräch das Richtige, also das, was ich glaube, dass richtig ist, zu sagen. Das alles habe ich im Laufe meiner MS-Karriere mit dem Satz für mich geklärt: „Was soll mir denn noch passieren, lebenslänglich hab ich ja schon?"

Ein zynischer Satz, zugegeben. Und er wird noch zynischer, wenn ich hier schreibe, dass er mir geholfen hat. Geholfen, alles ein bisschen entspannter zu sehen und etwas cooler meine Entscheidungen zu treffen. Das ist kein Patentrezept. Wirklich nicht. Es hat mir geholfen, durchs Leben zu rollen. Das hat genau einmal Mut gekostet. Ich meine den Moment, wo ich entschied, es zu tun. Ungeachtet der Konsequenzen.

Mut ist aber nicht etwas, das du oder ich durch einen Rollstuhl, eine Krankheit oder durch Training bekommen; sicher auch. Aber wenn ich überzeugt von etwas bin, wenn ich strikt ein Ziel verfolge, oder wenn einem das Ziel einfach klar ist, man aber den richtigen Weg noch nicht kennt, setzen wir Menschen schon so manche Kräfte frei, die einem auch den Mut verleihen, das Ziel, die Vision zu erreichen.

Ein Beispiel:
Just augenblicklich bereitet meine Partnerin das Abendessen zu. Es soll „Pollo di Cacciatore" geben. Ich hatte dieses italienische Jägerhuhn vor einiger Zeit einmal gemacht, als ich noch am Herd stehen konnte. Sie wollte mir und sich die Freude machen, nach langer Zeit dieses wieder zu servieren. Mir lief innerlich schon das Wasser

im Mund zusammen und ich sagte: „Okay, als erstes musst du zwei bis drei Hühnerschenkel salzen und pfeffern und in einer Pfanne Olivenöl richtig heiß machen und die Hühnerschenkel sehr scharf anbraten. Also sehr scharf. Dann kommt Rosmarin dazu und kurz bevor du denkst, alles verbrennt, löscht du mit Weißwein. Dann kommen Tomaten und Oliven dazu."

Sie fasste allen Mut zusammen und fing an. Die Hühnerteile kamen in die Pfanne. Sie fragte mich nach der Temperatur der Herdplatte und ich zeigte mit dem Finger nach oben. Nach 5 Minuten fragte sie, ob sie die Teile umdrehen und die Temperatur reduzieren soll. Ich winkte ab. Sie wurde etwas nervös und am Ende genossen wir beide ein echt gutes Essen. Um ehrlich zu sein, so gut wie sie dieses Gericht gemacht hat, habe ich es nie hinbekommen. Später am Abend, sie schaute erst scheinbar in die Leere, sagte sie, dass es nicht nur echt gut geschmeckt hatte, sondern auch, dass sie stolz auf sich war. Weil sie Mut hatte.

Mut hat also etwas mit dem Ziel zu tun, das man verfolgt und mit einem gewissen Feingefühl. Dieses Feingefühl sind unsere Antennen, die uns Hinweise geben, ob wir zu weit gehen, zu ängstlich oder auf dem richtigen Weg sind.

Mut ist aber auch dann möglich, wenn Vertrauen und/oder Selbstvertrauen da ist. Oder eben eine gewisse Coolness wie bei mir in Bezug auf das Rollstuhlfahren. Mut ist also ein Motor. Zündkerze und Benzin sind die Motivationen, die Motivationen, warum man auf ein leeres Blatt Papier eine Zeichnung macht, obwohl man selbst irrtümlich der Meinung ist, nicht zeichnen zu können. Oder ein Buch zu schreiben, obwohl ich noch keines geschrieben habe, von dem ich sagen kann: Das Buch hab ich geschrieben. Weil die Motivation Ausdruck des Inhaltes ist.

Es war zu einer Zeit, in der ich noch laufen konnte und nicht über MS nachdachte. Ich war aber in Geldnöten und Regie-Jobs für mich noch rar. Kurzum, ich musste irgendwie was verdienen. Eine ehemalige Kollegin, mit der ich darüber sprach, schlug mir vor: „Machs doch wie viele Grafiker, nimm eine Dozentenstelle an." Sie gab mir einen Zettel mit der Telefonnummer ihres ehemaligen Akademie-Leiters.

Zwei Monate später war ich Honorar-Dozent, obwohl ich so etwas noch nie gemacht hatte.

Die Studierenden waren zufrieden, ich auch, nur der Akademie-Leiter irgendwann nicht mehr mit meiner Art, Wissen zu erarbeiten und zu vermitteln.

Glücklicherweise entwickelte sich mein Regie-Standbein gut und die Akademie und ich gingen getrennte Wege. Es war eine gute Zeit, die viel gebracht hatte; an Erfahrung und Spaß. Und ich glaube, die Studierenden waren auch ganz happy.

Wohl vor allem, weil ich die Dinge anders machte.

Es war also eine Mischung aus Mut, Naivität und Not.

Jahre später war ich wieder in einer Situation, dass ich gut daran tat, wieder eine Dozentenstelle anzunehmen; auch fürs eigene Selbstbewusstsein. Mir fiel in der Zusammenarbeit mit den Studierenden auf, dass Angst das Gegenteil von Mut ist. Die angehenden Kommunikationsdesigner waren echt mundfaul. Nicht, dass sie die Antworten nicht wussten, oder keine Ideen hatten. Sie waren sich einfach unsicher, dass das, was sie erdachten, gut war.

Ich hatte schon MS, Rollstuhl und meine Mühe, in die Schule zu kommen. Ich malte einen Strich an die Tafel und bat die jungen Leute, diesen Strich abzufotografieren. Sie sollten eine Anzeige kreieren, in der der Strich die Hauptrolle spielt. Andere sagen auch Key Visual dazu. Da jede und jeder in dem Kurs seine thematische Vorliebe hatte, kamen sehr unterschiedliche Anzeigen dabei heraus. Die ganze Übung galt einfach, den Mut zu entwickeln, aus fast nichts etwas Gutes zu machen.

Mut spielt ja auch im Zwischenmenschlichen eine Hauptrolle. Ob es die erste Person ist, der man sagt, dass man sie liebt, ob das die Chefin ist, der man sagen möchte, dass man eine wesentlich effektivere Lösung gefunden habe, ein Problem zu lösen, als ihr tradiertes Vorgehen.

Oder den Mut zu haben, um seine MS-Erkrankung Partnern, Familie, Kollegen etc. offenzulegen und dann feststellt, dass das Leben dann sehr viel einfacher ist, auch wenn sich erst dadurch die Spreu vom Weizen trennt. Als ich endlich den Mut aufbrachte, mein Umfeld über meine MS zu informieren, erlebte ich zunächst viele Reaktionen und Personen, die mir den Rücken zudrehten. Die, die blieben und die, die neu dazu kamen, sind die, auf die man sich verlassen kann.

Anlässlich eines TV-Interviews fragte mich die Redakteurin, was ich Menschen mitgeben, was für einen Rat ich ihnen geben könnte. Ich fuhr mit meinem Rolli, um darüber nachzudenken, zwei Kreise auf der Terrasse, auf der wir dieses Interview führten, und postierte mich wieder vor ihr.

Obwohl der Kalender Frühsommer erklärt hatte, war es eine Art Spätwintertag. Mit einer Kopfbewegung lud ich sie nach drinnen ein, wohlwissend, dass ich dort nicht gedankenvoll an einer Zigarette ziehen würde. „Ich denke, Mut ist das, was alle brauchen, und insbesondere die, die „Different People" sind. Mut, jeden Morgen wieder mit Zuversicht durch den Tag zu kommen. Mut, neue Wege zu gehen und zu sagen, okay, es ist halt, wie es ist.

Und wie Paul Arden schon sagte: „Wenn du ein Ziel erreichen willst, scheitere, scheitere erneut, und dann scheitere besser."

Winter

Das Leben

„Der Sinn des Lebens?"

Monty Python hat vor Jahren diesem Titel einen ganzen Spielfilm gewidmet und doch ist diese Frage nie wirklich beantwortet worden. Auch ich habe keine, wie sämtliche Weltreligionen, Philosophien und Ideologien. Warum hat jemand Krebs oder stirbt durch Zufall; weil die Person zur falschen Zeit am falschen Ort ist, oder war. Ich glaube wir Menschen brauchen Antworten auf solche Fragen, damit die Ergebnisse unveränderter Geschehnisse für uns erträglich sind.

Ob sich die Tomate fragt, warum sie im Gegensatz zu ihren Artgenossen nicht in den Kochtopf gewandert ist?

Warum ich diese Frage jetzt und hier stelle? Wo ich doch glaube zu wissen, dass es keine Antwort auf diese Frage gibt? Wo ich doch allerlei Weltreligionen kennengelernt habe?

Ich glaube, die Antwort auf diese Frage ist ähnlich interessant, wie die von Douglas Adams in seinem Kult-Roman „Per Anhalter durch die Galaxis". Die Antwort auf die Frage nach dem Leben, dem Universum und dem ganzen Rest. Nach 7,5 Millionen Jahren gab in diesem Roman der Supercomputer „Deep Thought" folgende Antwort: 42.

Mit anderen Worten (meine Interpretation der Antwort): Keine, die Sinn ergibt; oder: Es gibt keine Antwort. Oder hat doch John Lennon recht, wenn er singt: „Love is the answer."

Manches Mal ist eine Frage wichtiger und bedeutsamer als deren Antwort.

Eine in Tränen aufgelöste 19-jährige Frau fragt: „Warum bekomme ich diese scheiß MS?" Sie sitzt mir gegenüber auf einer Holzbank vor einer Kapelle.

„Warum gerade jetzt?", fragt der Typ hinter dem Tresen ins Nichts und zapft ein Bier, trinkt es in einem Zug aus und füllt das Glas erneut. Gibt es dann dem wartenden Gast auf der anderen Seite des Tresens und fragt den Wirt zurück: „Warum das gerade jetzt?" „Ich weiß schon, auf manche Fragen gibt es keine Antworten."

Der Wirt hat meiner Meinung nach recht. Die genannten und viele weitere Beispiele sind nicht zu beantworten. Bei anderen Fragen ist eine Antwort so komplex, oder es bedarf einer ganzen Gruppe an Fachmännern und -frauen, um eine umfassende Antwort zu geben.

Manches Mal ist eine solch schwer zu beantwortende Frage auch Ausdruck der Verzweiflung der fragenden Person.

Irgendwo in diesem Buch habe ich über die Warum-Fragen gesprochen, die nicht nur für Kinder wichtig und richtig sind, sie zu stellen. Vielleicht liegt der Sinn des Lebens ja darin, nach Antworten zu suchen, oder es gibt schlicht und ergreifend keinen. Oder, und das ist die für mich passende Antwort nach dem Sinn: Jede und jeder muss seinem Leben einen Sinn, ein Ziel, eine Antwort auf das individuelle WARUM geben. Simon Sinek, Erfolgsautor, Redner und Berater erklärte diese Philosophie, als „Golden Circle" benannt, so: Am Anfang steht die Frage WARUM? Warum tust du dies, das, oder was dich antreibt. Oder was du tun willst. Und damit ist nicht gemeint: „Ich will glücklich werden" oder „Ich will ein Autohaus eröffnen", sondern es geht um die Frage: „Warum willst Du glücklich sein, oder warum ein Autohaus eröffnen?"

Der Sinn des Lebens von Martin Luther King war es, seinen Traum zu verwirklichen, dass in Amerika und überall in der Welt die Farbigen in Freiheit und Gleichberechtigung leben können.

Der Sinn des Lebens von Steve Jobs war es, die neue Technologie der Computerisierung so simpel und einfach zu machen und entsprechend ästhetische Produkte zu kreieren, die jedem Menschen einfach helfen, seine Arbeit und Träume realisieren zu können. Er sagte: „Ihre Arbeit wird einen großen Teil Ihres Lebens ausfüllen. Der einzige Weg, wirklich zufrieden zu sein, besteht darin, das zu tun, was Sie für großartige Arbeit halten, und der einzige Weg, dies zu tun, besteht darin, zu lieben was Sie tun."

Und der meine, oder der deine?

Man kann weitaus länger als einen Tag über den persönlichen Sinn des Lebens nachdenken; und noch länger braucht man, bis man glaubt, ihn gefunden zu haben. Glaubt man seinen Sinn, sein Ziel, seinen Motivationsmotor gefunden zu haben, also, wenn wir uns dessen bewusst geworden sind, „flutscht" es. Man hat seinen ureigenen Claim gefunden, wie Unternehmen ihren Claim haben für viel Geld erdenken lassen. Ich glaube beispielsweise an die Kraft der visuellen Kommunikation, an die Kraft der Emotionen.

Und wie lautet dein Claim?

Raucherpause

„Bitte, danke"

Je älter wir werden, und wenn wir europäisch-traditionell erzogen worden sind, fällt es insbesondere der männlichen Bevölkerung nicht so leicht, um etwas zu bitten. „Könnten Sie mir BITTE kurz helfen?"

Spätestens seit ich im Rollstuhl dauerhaft Platz genommen habe, musste ich notgedrungen um etwas bitten. Besonders um Hilfe. Es dauerte eine längere Zeit, bis ich mich an diese neue Rolle des Bittenden gewöhnt hatte. „Könnten sie mir bitte kurz helfen, den Koffer da oben ins Gepäckfach zu legen?" Als Kind war ich immer sehr stolz, wenn ich niemanden um Hilfe bitten musste – ich wäre auch viel zu schüchtern gewesen –, wenn ich ganz selbstständig etwas herausgefunden hatte und es auch umsetzen konnte, ohne jemanden zu bitten, mir zu helfen. Das ist auch jetzt noch so, mit dem Unterschied, dass ich heute für manche Dinge darum bitten muss, da es schlicht und ergreifend nicht mehr geht.

Not macht ja bekanntlich erfinderisch und so kommt es immer wieder vor, dass ich sehr eigenartige Mittel und Wege finde, mir die Selbstständigkeit zu erhalten. Zeit spielt eine nicht unwesentliche Rolle. Das fängt beim Anziehen an. Ich kann aufgrund der MS das rechte Bein nicht mehr heben und anwinkeln. Das ist nervig. Beim Laufen, Tanzen, und wenn man sich eine Hose anziehen möchte. Lösung: Mit den Händen das eine Bein über das andere schlagen, sodass sich das eine Hosenbein über den Fuß streifen lässt, denn stehen, geschweige denn auf einem Bein, geht überhaupt nicht. Hätte man als kleines Kind diese Technik erlernt, wäre es heute für jeden das Normalste der Welt. Und jemand zu bitten, ist schwierig. Entweder ist kein anderer da, wenn man sich seine Hose anziehen will, oder es ist zu intim, zu peinlich, zu degradierend, zu … Also versucht man es irgendwie anders.

Es gibt eh schon genug Situationen, wo eine Bitte zwingend erforderlich ist.

Ein anderes Beispiel: Will man ein Taxi nehmen, ist es völlig selbstverständlich, in ein Taxi am Taxistand einzusteigen und der Fahrerin oder dem Fahrer zu sagen: „Ich muss in die Hamburger Alle 47, bitte." Wenn ich aber an einen Taxistand mit 570 freien Taxen rolle, von denen keines dabei ist, welches die Größe hat, meinen Rolli mitzunehmen, ohne dass man ihn auseinanderbaut, schauen die meisten Taxlerinnen und Taxler wie ein Auto, wenn ich sage: „Könnten Sie BITTE freundlicherweise ein Großraumtaxi, einen VW Touareg, eine Mercedes V-Klasse, oder einen VW-Bus, oder ein Rolli-Taxi bei Ihrer Zentrale für mich bestellen?"

Auf der anderen Seite sagen viele Gehandicapte, dass sie schon Bescheid sagen, wenn sie Hilfe brauchen. Es ist also oft besser für diese Menschen, ich gehöre auch dazu, sie mal machen zu lassen, bis sie sagen: „Bitte!"

Ich weiß, das Leben mit „Different Persons" erscheint schwierig, ist es aber gar nicht. Die „Zauber"-Formel heißt: „Respekt". Und das gilt für alle gleichermaßen. Respektiert der Taxler den Wunsch des prospektiven, rollstuhlfahrenden Kunden, ruft er seine Zentrale an und folgt der Bitte. Es ist auch okay, wenn der Fahrer den Vorschlag macht, zu probieren, ob der Rollstuhl in sein Taxi passt. Es ist aber nicht okay und respektlos, wenn die Fahrer dem Rollstuhlfahrer nicht glaubt, wenn dieser sagt: „Der Rolli passt da nicht rein, dass wurde schon mehrfach probiert; nicht ohne, dass der Rollstuhl Schaden dabei nimmt."

Ein guter Arzt sollte seinem Patienten vertrauen und gut zuhören, was dieser sagt; und wie er es sagt. Denn: Der Patient weiß, was ihm fehlt. Er weiß zwar nicht, warum und woran es liegt, aber der Patient hat, wenn es gut läuft, Vertrauen zum Arzt. Auch hier ist Respekt die richtige Überschrift.

Sich freundschaftlich auf Augenhöhe begegnen, den oder die anderen zu respektieren und authentisches Interesse am Menschen zu haben, ist aus meiner Sicht die Grundvoraussetzung für die Lösungsfindung und für ein positives Gefühl, einen guten Lösungsweg eingeschlagen zu haben. Bitten und nicht betteln.

Oftmals ist eine Bitte mit einem „Handel" verbunden, den der Bittende aber gar nicht eingehen will oder kann, wie es oft schon in frühen Jahren anerzogen wird. „Bitte, darf ich noch draußen bleiben?" „Ja, aber nur, wenn du dein Zimmer aufgeräumt hast." Da überlegt man sich vielleicht die Bitte noch mal. „Bitte, helfen Sie mir." „Ja, kann ich schon machen, wenn du heute Nachmittag noch mal wieder kommst."

Es ist vielleicht eine Mentalitätsfrage. Was in den einen Ländern oder sozialen Schichten selbstverständlich erscheint, ist in den Köpfen anderer nicht vorgesehen oder gleich mit einem Geschäft verbunden. Ist dir schon mal aufgefallen, dass die Menschen, die eh nicht viel haben, eher zum Geben bereit sind als umgekehrt. Vielleicht, weil die einen es mehr zu schätzen wissen, wenn einer Bitte nachgekommen wird, als die anderen.

Keine Geschichte:
Früher, und auch jetzt noch dann und wann, wenn mir die Zigarren ausgegangen sind, bitte ich um eine.

In der Sonne auf dem Vorplatz eines Hauptbahnhofes in meinem Rolli sitzend genieße ich die Wartezeit bis zu meinem Anschlusszug in der Sonne und rauche eine. „Hast du mal bitte eine Zigarette für mich?", fragt eine Stimme. Ich öffne die Augen und drehe mich aus der Sonne in die Richtung, woher die Stimme kam, und sehe einen älteren Typ, ungefähr mein Alter. Neben ihm steht ein Einkaufswagen mit vielen gefüllten Plastiktüten. Das letzte Wasser, das sein Gesicht gesehen hat, ist sicher auch schon ein paar Tage her. Ich geb ihm die letzten zwei Zigaretten mitsamt Schachtel mit den Worten: „Hier, ich muss eh gleich zum Zug."

Dem Mann war geholfen, was dieser mit einer übertriebenen Geste zum Ausdruck brachte, ich war guter Dinge und rollte dann meiner Wege.

Oftmals ist auch ein „Bitte" zu einer belanglosen Floskel verkommen und treibt die Inflation der Bitten unnötig in die Höhe. Vielleicht ist es vor diesem Hintergrund ja besser, zu sagen: „Ich habe eine Bitte an Sie". Wenn ich im deutschsprachigen Raum als Regisseur: „Und bitte!", sage, ist diese Floskel durchaus eine ernstgemeinte, doch auch dieser Spruch ist es allzuoft nicht.

Kommunikation ist diffizil und kaum ohne Gefühl richtig zu verstehen.

Wenn da steht: BITTE HABEN SIE DAFÜR VERSTÄNDNIS und ich bin vor der einzigen Tür einer behindertengerechten, aber verschlossenen Toilette des Bahnhofs, sage ich: „FUCK!"

Wenn ich wiederum eine offizielle Person frage: „Bitte helfen Sie mir, in das Haus zu kommen, hier ist leider keine Rampe" und ein BITTE ist nicht im Satz vorhanden, bleib ich sitzen, und zwar ohne Hilfe.

Ein BITTE lässt sich auch kaufen oder verkaufen. Und via Serotonin erhält man ein DANKE, wie augenblicklich die UKRAINE betreffend, oder sonst andere Hilfeaufrufe. Ganz einfach mit seinem Smartphone vom Wohnzimmer aus auf der Couch sitzend kann man sein Gewissen mit 10 Euro beruhigen und der BITTE der Moderatorin Folge leisten. Na ja, besser als gar nichts zu tun. Menschen wie mir zum Beispiel ist es kaum möglich, sonst zu helfen. Und trotzdem. Helfen und einer Bitte nachkommen, kann man auch auf andere Weise. Da tun sich ein Haufen Mütter und Hausfrauen zusammen, organisieren einen Lieferwagen, informieren sich, was gebraucht wird und kutschieren die Dinge dort hin. Einige Leader haben in ihren Unternehmen Antworten auf Bitten vorinstalliert und ich meine damit nicht die FAQs, die nur in sehr allgemeinen Fällen helfen. Es ist wie mit der verschütteten Milch. Während die eine anfängt zu schreien, nimmt die andere einfach den nächsten Lappen und wischt die Milch auf. Übertragen heißt das, wenn beispielsweise ein Rollstuhlfahrer in einem Restaurant Essen fahren will, aber die hohe Stufe nicht überwinden kann, die ins Restaurant führt, helfen gern ein, zwei Mal die Angestellten, den Rollstuhl samt Fahrer oder Fahrerin ins Restaurant zu heben, bis fürs übernächste Mal eine Rampe installiert ist. Denn der clevere Chef des Restaurants weiß ja: Auch Rollstuhlfahrende sind zahlende Kunden, wie auch die Begleitenden oder Einladenden.

Also bitte: Lasst uns alle eine ernstgemeinte BITTE ernst nehmen. Es kommt viel mehr zurück als ein DANKE.

Apropos DANKE: Das tollste Danke ist: „Danke, dass es dich gibt!" Auch ein „Danke dir" ist wertvoll und meist ernst gemeint, wohingegen ein „Bitte zurückbleiben!" eher ein wohlgemeinter Befehl ist, wenn diese Bitte durch den blechernen Lautsprecher tönt. Ich weiß, ich ergehe mich in Nichtigkeiten. Und trotzdem, der Ton macht die Musik und ein Lächeln verbindet.

Was ich damit sagen will: Ein BITTE, wie auch ein DANKE sollte immer viel mehr sein als eine Floskel. Denn ist sie ernst gemeint, ist sowohl das BITTE wie auch das DANKE wertvoll im Sinne von: voller Wert.

Bei der Gelegenheit:

Ich DANKE Danielle, die mich sooo unterstützt und inspiriert hat. Ohne ihre Hilfe und Unterstützung, ohne ihren Glauben an mich und dieses Buch, würde es nicht real geworden sein.

Ich DANKE Renate Wettach und ihrem LöwenStern Verlag für ihre Hilfe und motivierende Kraft. Auch möchte ich allen Persönlichkeiten um mich DANKEN, die an mich geglaubt haben; mein Dank gilt auch denen, die sich nach meiner MS-Diagnose abgewandt haben. Ohne sie hätte ich wahrscheinlich die trotzige Motivation: „Jetzt erst recht!" nicht aufgebracht.

Dieses Buch ist hoffentlich für alle, die es jetzt gelesen oder gehört haben, unterhaltsam und inspirierend gewesen.

Es war und ist für mich eine neue Form, mich und meine Gedanken zum Ausdruck zu bringen. Es ist für mich ein echter Lernprozess, mutiger mit meinen positiven und negativen Seiten nach außen zu gehen/rollen.

Vielleicht habe ich ja auch dir einen kleinen Denkanstoß geben können, dich inspirieren können, zum Nachdenken angeregt, oder einfach nur erleben lassen, wie das als kreativer MS-ler im Rollstuhl so ist und wie sich mit einer scheiß Situation umgehen lässt und auch daraus etwas Positives entstehen kann.

Kreative Pause II

Autorenprofil
Oliver Wolf Boehm

1967 erblickte ich in Frankfurt am Main das Licht dieser Welt als ein Kind der Werbung. Mutter: Modezeichnerin, Vater: Werbeberater in einer großen Agentur. Die beiden trennten sich und mein Leben begann. Waldorf-Schule, erste Ausstellungen, Fotografie-Ausbildung in Paris und Frankfurt am Main, Werbe-Grafiker. Nach einer Zeit als Executive CD 1 ½ Jahre Pause in der Toskana. Als das Geld alle war, Rückkehr als Regisseur in der Werbung; bis heute in Deutschland und Europa unterwegs.

Einige Auszeichnungen hat er im Laufe seines Schaffens gesammelt (Kölner Kunstpreis, NYC-Festival-, Cannes-Lions-nominated, ITVA-Award, Golden Drum-Award, etc.)

Erste Buchveröffentlichungen:
„Wort und Bild", Foto-Band, „Alltag", Cartoon-Buch erschienen im ILO-Verlag.
„101 Gründe nicht in Deutschland zu leben", erschienen im Rake-Verlag. „Werk-Katalog" via Amazon zu beziehen.

2007 MS-Diagnose und zunehmend als Konzeptioner, Regisseur, Berater und Gast-Dozent tätig und sitzend als zeitgenössischer Fotograf unterwegs.

„Ich sag gern: das aktuelle ist mein fünftes Leben und es ist gut."

Aus dem Verlagsprogramm

www.loewenstern-verlag.de

Renate Wettach
**Mobbing für Fortgeschrittene
Wie Sie Ihr Leben wieder in den
Griff bekommen**

Betroffene finden in diesem Buch
Orientierung und Hilfestellung,
damit sie nicht im Gefühlschaos
versinken. Jeder kann es lernen, sich
„am eigenen Schopf" aus dem
„Sumpf" zu ziehen!

ePUB-Ausgabe: 12,00 Euro
Print-Ausgabe: 19,99 Euro

Maya Satis
Teilzeit Borderliner

Scheinbar harmlose äußere Ein-
flüsse können bei Maya als Auslöser
wirken, ihrem Leben ein Ende zu
setzen. Wie sie dennoch überlebt,
erzählt sie sehr eindrucksvoll und
spannend in ihrem Buch.

ePUB-Ausgabe: 10,00 Euro
Kindle-Ausgabe: 9,99 Euro
Print-Softcover: 13,00 Euro
Print-Hardcover: 20,00 Euro

Aus dem Verlagsprogramm

www.loewenstern-verlag.de

Caroline Steiner
**am Ende. beginnen –
auf dem Pilgerweg von Irún nach
Santiago**

Nach einem Schicksalsschlag begibt
sich die Autorin auf ihren Weg in
ein neues Leben. Nicht zuletzt ihre
Bereitschaft, sich zu freuen und
wieder zu lachen, machen dieses
Buch zu einer ungewöhnlich spannenden und berührenden Lektüre.

ePUB-Ausgabe: 9,90 Euro
Print-Ausgabe: 19,99 Euro

Markus Keßler
**Luftschlösser ade,
willkommen in Ihrer
Traumgegenwart**

Ein Buch aus der Praxis, das leicht
verständlich die Geheimnisse
eigener und fremder Kommunika-
tionsmuster und Verhaltensweisen
aufdeckt und entschlüsselt.

ePUB-Ausgabe: 7,90 Euro
Print-Ausgabe: 9,90 Euro